美迪员工培训经典系列

责任
高于一切

栾振芳◎编著

電子工業出版社
Publishing House of Electronics Industry
北京·BEIJING

内 容 简 介

只有那些勇于承担责任的人，才会得到组织的认可，才会受到赏识与重用，为别人所接纳与尊敬。责任感使我们有勇气排除万难，甚至可以把“不可能完成”的任务完成得相当出色。一旦失去责任感，即使是做自己最擅长的工作，也会完成不好，甚至一塌糊涂。

本书从员工角度出发，告诉员工有责任才能激发潜能鼓足干劲，有责任才能全力以赴不遗余力，有责任才能真抓实干执行到位，有责任才能不断超越成就卓越……责任，让人激发潜能，让人成就卓越。

图书在版编目（CIP）数据

责任高于一切 / 栾振芳编著. —北京：电子工业出版社，2014.1
（美迪员工培训经典系列）
ISBN 978-7-121-20745-7

Ⅰ.①责… Ⅱ.①栾… Ⅲ.①企业管理—职工培训 Ⅳ.①F272.92

中国版本图书馆CIP数据核字（2013）第135014号

责任编辑：戴 新
特约编辑：李云霞
印　　刷：三河市鑫金马印装有限公司
装　　订：三河市鑫金马印装有限公司
出版发行：电子工业出版社
　　　　　北京市海淀区万寿路173信箱　邮编：100036
开　　本：720×1000　1/16　印张：13.25　字数：155千字
印　　次：2014 年 3 月第 2 次印刷
定　　价：28.00元

凡所购买电子工业出版社图书有缺损问题，请向购买书店调换。若书店售缺，请与本社发行部联系，联系及邮购电话：（010）88254888。

质量投诉请发邮件至zlts@phei.com.cn，盗版侵权举报请发邮件至dbqq@phei.com.cn。

服务热线：（010）88258888。

前言

PREFACE

百度CEO李彦宏说过，对于任何一个公司的创始人来说都需要承担多重责任，这些责任包括对员工的责任、对股东的责任、对客户的责任、对社会的责任。责任是成就人生的基石，是完善自我、成就自我的翅膀。有责任的人生才能走得更远，更辉煌。

勇于负责是一个人实现自我价值的必由之路。一个人能肩负起他在生活中的责任，承担起工作中特定职位上的重任，并且在完成自己角色所担负的责任时，能发挥出他最大的才能，展现出他所拥有的潜在素质，高标准、高质量地完成任务、解决一切难题，并使自己从中得到快乐和满足，他的人生价值自然就得到了实现和升华。

卡尔森公司旗下拥有连锁酒店雷迪森和连锁餐饮星期五餐厅，这家公司由柯特·卡尔森创办于20世纪30年代，现在该公司由他的女儿芭芭拉·卡尔森·盖奇和玛丽莲·卡尔森·尼尔森共同所有。

年轻的卡尔森出身贫寒，接受教育和获取知识的机会都很有限。然而，他却是一个勤奋努力，对自己负责的人。

最初，他在费城找了一份书店售货员的工作，每天徒步8英里上下班。虽然每周报酬仅有20美元，但他却能毫不懈怠地对待工作，每天把柜台擦拭得干干净净，把书籍摆放得整整齐齐，并时刻笑对每位顾客。同时，他利用业余时间不断地充实自己。这种勤奋刻苦、尽职尽责的工作精神被传为佳话，感动了许多人。

后来，他进入了一家制衣店，周薪变成了40美元。他更加努力地工作，到了不惑之年，他终于成为一个颇有成就的商人。

柯特·卡尔森的成功告诉我们，一个人要想取得事业和人生的成功，就要培养自己的责任感，尽职尽责地对待自己的工作。所以，我们要扛起身上的责任，别让责任心悄悄溜走。一个人若丧失了责任心，就会变得玩世不恭，对工作敷衍了事，这对于他个人以及周围的人来说都是一个莫大的损失。

社会学家戴维斯说："放弃了自己对社会的责任，就意味着放弃了自身在这个社会中更好的生存机会。"无论是初入职场的新人，还是职位卑微的小职员，都应当时刻保持强烈的责任感，为自己的工作承担起责任，不能因为自己的工作无足轻重而轻率对待。一个不负责任、没有责任意识的员工，不仅会在工作中为企业带来损失，而且还会为自己的职业生涯带来损失。相反，一个有较强责任感的员工，不仅能够得到老板的信任，同时也会为自己事业的成功奠定坚实的基础。

在本书中，我们的思想将会受到新的撞击，以此开启我们勇于负责的心。

某些不负责的行为将是幸福生活的糟糕先兆；

责任心将激发我们身上潜藏的“正能量”——工作时，也能带着笑的模样；

主动工作，不要等待老板的“施舍”；

负责的人拒绝加入日益庞大的“借口大军”；

不要将问题看作灾难，“意外事故”也能变成“意外惊喜”；

“饥饿感”将带我们走出“职业停滞期”；

负责的人不会人为“复杂化”自己的工作，因为那是一种悲哀……

古语说得好，“他山之石，可以攻玉”，在本书中，我们结合当下职场员工工作中翔实生动的案例，富含深意地阐述了责任的重要性，并提供了切实可行的行动方案。通过对本书的阅读，让我们改变对工作的态度吧，将负责融入自己的血液，对工作认真负责，积极努力地工作，这样我们的职业生涯才会更有意义，我们的人生才会更加辉煌，生命才会更有价值。

目录 CONTENTS

第1章 工作就是责任，责任重于一切

一个人若是没有热情，他将一事无成，而热情的基点正是责任心。

——列夫·托尔斯泰

可以不伟大，但不能没有责任

微软总裁比尔·盖茨曾对他的员工说：“人可以不伟大，但不可以没有责任心。”这句话很简单，也很实在。

责任心是永恒的职业精神。如果说智慧和能力像金子一样珍贵，那么勇于负责的精神则更为可贵。事实上，几乎所有的知名企业在招聘和考核员工时，都会要求员工“工作责任心强”。因为责任是不分大小的，一丁点儿的不负责，就会酿成惨剧。任何人在工作中一丁点儿的不负责任，都有可能导致整个企业蒙受巨大损失。

一个人只有具有高度的责任感，才能在执行中勇于负责，在每一个环节中力求完美，按质、按量地完成计划或任务。所以微软非常重视对员工责任感的培养，责任感也成为微软招聘员工的重要标准。

在微软，公司要求每一个部门、每一位员工都要有自己明确的目标，同时，这些目标必须是“SMART”的，也就是：

- S—Specific（特定的、范围明确的，而不是宽泛的）；
- M—Measurable（可以度量的，不是模糊的）；
- A—Attainable（可实现的，不是理想化的）；
- R—Result-based（基于结果而非行为或过程）；
- T—Time-based（有时间限制，而不是遥遥无期的）。

微软公司认为，只有每个人都拥有了明确的目标，并可以随时检查自己是否达到了预先设定的目标，公司员工才能在工作中体现出强烈的责任感和工作热情。

微软公司要求部门和员工制定的目标必须是可分享的，即每个人都应当通过某种渠道，如公司的内部网站等将自己的目标公布出来（当然，某些需要保密的工作目标除外）。这样，当某位员工对领导或其他员工的工作方式不理解时，就可以去查看对方的工作目标，以寻求最好的沟通和理解。

除了针对目标、结果的负责外，公司更需要在决策方面有负责的框架。在微软的“决策制定框架”下，每一项重要决策都有一定的制定流程和人员角色划分。每一个决策流程的推动人很自然地就是决策的责任人。对该决策有支持和认可权利的人是决策的审批者。对该决策进行核查、提出支持或反对意见的人是决策的复核者。在整个决策流程中，虽然复核者可提出反对意见，但审批者仍拥有决策的最终决定权。有了这样的框架，公司的决策流程更加清晰，人员责任更加明确，决策不会被轻易拖延或推翻，决策的效率也大大提高了。

正是基于这一系列责任文化建设，才成就了微软一流的执行力，建立了声名显赫、富可敌国的微软商业帝国。

微软公司是全球软件行业的领跑者，它在技术上的突破一度影响和改变了我们的生活，IT从业者以进入微软为荣，企业以微软为偶像。微软之所以具有如此大的影响力，与其对员工责任心的要求是分不开的。

大家都知道这样一道智力题：树上有十只鸟，一个猎人开枪打中了一只，还剩下几只？当然，一只也不会剩下。把这个故事

引用到企业中，不也是如此吗？一个员工的不负责任，会让顾客对这家企业员工的服务产生怀疑。这就意味着，一个员工的不负责任将会影响到企业的一批员工，进而影响到企业的顾客群。这就是“10–1=0”的原则。

试想，一个在责任感方面很欠缺的员工又怎么能给顾客提供优质服务呢？又怎么能树立企业的良好形象呢？企业里一个人缺乏责任感，那么它所影响的不只是他自己，而是整个企业，这就是很多企业要把责任融入员工的日常生活中的原因。如果一个员工没有意识到责任对于他乃至整个企业的重要性，那么他就已经丧失了在这个企业工作的资格，因为员工的不负责任将会使企业的形象蒙受损失。

因此，对企业来说，正因为有了责任感，员工才能尽职尽责地做好各项工作，才能保证企业的发展，提高企业的凝聚力和竞争力。而也只有那些勇于承担责任的员工，才可能被赋予更多的使命，在企业中担当重任，也才有资格获得更多的报酬和更高的荣誉。

责任铸就功勋，尽责收获荣誉

尽职尽责是西点精神的核心，对于每一个西点人而言，责任就是他们精神大厦中最坚实的支柱，它们的存在让西点精神熠熠生辉。正如西点毕业生罗伯特·爱德华·李所说：“责任在我们的语言里是一个最崇高的字眼。做所有的事情都应尽职尽责；你不能越俎代庖，也永远不要期盼得过且过。”

从入校的那天起，西点学员都要以服务的精神自觉自愿地去做那些应该做的事，都有义务、有责任履行自己的职责，而且在履行职责时，其出发点不应是为了获得奖赏或避免惩罚，而是出于发自内心的责任感。

正因为西点军校多年来向其学员实施的这种责任感的教育，才使很多学员毕业后能够忠实地履行报效祖国的职责和义务，也成就了许多历史上的知名将领。

《责任·荣誉·国家》是麦克阿瑟将军在西点军校发表的一篇激动人心的演讲，其中这样讲道：“你们的任务就是坚定地、不可侵犯地赢得战争的胜利。你们的职业要求你们在这个生死攸关的年代勇于献身，此外，别无所求。”

毕业于西点军校的海军中将纳尔逊，1870年参加海军，21岁成为上尉。他在1894年的一次海战中失去右眼，1896年晋升为分舰队司令，次年被授予海军少将军衔。在后来的一次战役中，他失去右臂，复员返乡。1898年10月21日，在古巴特拉法尔加角海战中，他率军大败法西联合舰队，最终挫败西班牙入侵美国的计划，英勇献身。作为一名西点人，他的遗言是“感谢上帝，我履行了我的职责”。

纳尔逊习惯在战役中祈祷，祈祷内容包括期望海军以人道的方式获胜，以区分于他国。他是这么说，也是这么做的，曾两次下令停止炮击“无敌”号舰，因为他认为该舰被击中了，已丧失战斗力。可惜的是，他最终死于这艘他两次手下留情的炮舰。该舰在与纳尔逊所在舰船甲板之间的距离小于15码（1码＝0.9144米）的时候，从尾桅顶部开火，击中了他的肩膀。更糟糕的是，他的前胸也不断涌出鲜血。

经过检查，大家发现这是致命伤。这事除了哈定舰长、牧师和医务人员知道外，向所有人保密，因为纳尔逊不想因为自己使别人擅离职守。在临死之前，纳尔逊对哈定舰长说：“现在我满意了，感谢上帝，我履行了我的职责！”他说话越来越困难了，但他仍然清晰地说：“感谢上帝，我履行了我的职责！”他几次重复这句话，这也是他留给世人的励志名言。

因为负责，纳尔逊铸就了辉煌的个人功勋。即便在面对死亡的时候，他也没有辜负自己作为一名军人所应该具有的责任感和忠诚品质，光荣地完成了自己的任务，同时，他能够考虑到他人的职责，不愿意因为自己使别人疏忽责任。

对西点军人来说，责任是一种义务，也是一种荣誉。他们勇于承担责任，在执行任务时，不论要面对多么巨大的困难，他们都会毫不犹豫地应承下来，而非推卸责任。

对企业而言，员工尽职负责同等重要。企业制胜的精神法宝就是负责。失去责任心，企业就不再具有竞争力，甚至不能称其为企业。美国前国务卿鲍威尔说，他的用人之道中一个很重要的标准就是要尽职负责。他认为，一个企业的精神可以体现在很多方面，但最根本的且兼有企业文化哲学性质的就是具备责任心。

艾伦是一个公司的速记员，一个星期六的下午，同事们约好了去看球赛，这时一位律师走进来问艾伦，去哪儿能找到一位速记员来帮忙。艾伦告诉他，公司所有的速记员都看球赛去了，如果晚来5分钟，自己也会走。艾伦又说："球赛随时都可以看，工作第一，让我来帮你吧。"

律师问艾伦应该付多少钱，艾伦开玩笑地回答："哦，既然是你的工作，大约1000美元吧。换了别人，我就白帮忙。"律师笑了笑，向艾伦表示谢意。

艾伦确实是在开玩笑，他把1000美元的事忘得一干二净。但在6个月后，律师却支付他1000美元，还邀请艾伦到自己的公司工作，薪水比原来高一倍。

艾伦只是在不经意间多做了一点点事情，结果却得到如此巨大的回报。这样看来，做事情责任心强一些，比别人勤奋一点点，你将会受益匪浅。

工作既是谋生手段，也是一个人对社会的一份责任。

那些忠诚于老板、忠诚于企业的员工，都是能担当责任、不找任何借口的员工。在本职工作之外，他们还积极地为公司献计献策，尽心尽责地做好每一件力所能及的事。在危难时刻，这种忠诚会显现出它更大的价值。能与企业同舟共济的员工，他的忠诚会让他达到我们想象不到的高度。

责任对于企业而言，绝不像夹心饼干那样层层分明，它已经融入企业的血脉之中，成为企业生命的一部分。企业有必要将责任作为企业的文化和精神纳入自己的管理体系中，加强员工责任感的培训。员工的责任感，有时胜过他们的智慧。

责任有多大，事业就有多大

有句著名的广告语说："心有多大，舞台就有多大。"一个人内心希望得越多，那么就会给自己搭建更大的舞台。同样，责任有多大，事业就有多大。企业和个人只有愿意承担责任和敢于承担责任，才能提高企业整体实力和个人能力，为企业和个人的事业奠定基础。

无论在哪个岗位上，都要牢记自己的责任，认识到自己所处位置的重要性，这就是高度的责任感。它能唤起企业中每个人的工作热情和团队精神，从而达到企业的既定目标。当一个人在心中形成了责任感时，他就能自觉地意识到自己所担负的责任。有了自觉的责任意识之后，才会产生积极、圆满的工作效果，整个队伍才是一支优秀的团队。

"干工作经得起子孙万代的检查"是大庆人的一种工作态度，是大庆人社会责任感和求实精神的具体表现。无论是集中会战，还是分散作业，大庆人都坚持"好字当头，质量第一"，做什么事情都要使人信得过，不马虎，不凑合。

大庆石油会战时期，广泛流传着一件“1公分见精神”的事情，直到今天，对于这件事大庆人仍铭记在心。事情发生在1963年6月14日凌晨，射孔中队值夜班的共青团员、助理技术员金世英接到大队传来的一份射孔测井图。经过认真查对，发现上面标的井口四通高度是43公分，比惯常的四通高度少了几公分，这时他想：“射孔虽然允许有一定的误差，但那是在地下真正无法防止的情况下才允许的。而这几公分的误差是在地面上，不能马虎，一定要搞清楚。”

金世英不顾疲劳，立即到大队调度室去查对井号和射孔时间。得知作业队已经上井，这口井当天就要射孔。他心里更着急，赶紧又跑到地质室叫醒地质员，翻出射孔设计书和汇报记录本，查出测这口井的是测井七队。但这个队了解情况的人也到井上去了。

跑完这几个单位，已是清晨8点钟了。一天一夜没合眼的金世英，肚子饿得咕咕叫。怎么办？他想，一定要负责到底，不能让差错从自己手中溜走。他立刻带上图纸和卷尺，徒步赶到井场。这时射孔工作已经就绪。他说明了情况，立即在其他同志的帮助下，对井口四通进行实地测量。实测结果是44公分。

就这样，金世英先后跑了6个单位，询问了9个人，往返奔波了40多公里，连续工作了30多个小时，终于消除了这1公分射孔深度的差错。

为了使“工作经得起子孙万代的检查”，大庆职工在工作中还坚持进行自我检查、相互检查和专项检查，坚持有错就改、有偏就纠，保证做出的事情过得硬。金世英身上这种“保证做出的事情过得硬，干工作经得起子孙万代的检查”的高度负责的精神值得每一个企业和员工学习借鉴。

对于手头工作和自己的行为百分百负责的人，他更愿意花时间去研究各种机会和可能性，显得更值得信赖，也因此能获得别人更多的尊敬。与此同时，他也获得了掌控自己命运的能力，这些将加倍补偿他为了承担百分之百责任而付出的额外努力、耐心和辛劳。

所以，任何一位企业成员，都应该把企业所提出的光辉前景、理想目标，当作自己的前景、目标来追求；都应该把企业所描绘的蓝图，当作自己的蓝图来描绘；都应该把企业制订的计划、措施，当作自己所肩负的责任来实施；都应该把企业所制定的规章制度，当作对自己的要求来遵守，而不能事不关己，高高挂起。

有了这种责任意识，我们才能不折不扣地完成组织部署的各项工作任务，才能不畏任何艰难险阻，做好组织分配的每一项工作，才能保证“做出的事情过得硬，经得起子孙万代的检查”。

坚守社会责任，增强企业价值

公司“凭什么”存在于社会中？或者说，公司存在于社会中的前提和理由是什么？最流行的答案是：公司因利润而存在。其实，这是一个谎言！不难发现，拥有“丰厚的利润”却倒闭的企业比比皆是，如果利润连公司最基本的存在都保证不了，那它还怎么可能成为公司存在的前提和理由呢？

我们对于公司本质的认识，一直是习惯性地基于这样一个基本的逻辑：公司是一个营利性的组织，它从属于资本，并因资本的赢利而存在。由此逻辑所直接推导出来的结论是：公司因资本的权利而驱动，公司因获取了利润而存在——这是一个习惯的、天大的误解和错误！公司虽然是因资本而诞生，但公司一旦诞生，就成为了一个独立的生命体；公司的利润，并不是其存在于社会的前提和理由，而是公司承担了自己必要的责任使命后，所出现的必然结果。

酒鬼酒前身为始建于1956年的吉首酒厂，1997年7月上市，酒鬼酒股份有限公司是“中国驰名商标”，公司曾先后荣获“全国酒文化优秀企业”、“全国五一劳动奖状”、“全国轻工业系统先进集体”、“全国先进集体”等荣誉。号称“天下第一酒”的酒鬼酒，一直以酝酿湘西千年文化，传承湘西古老秘方自居，号称“无上妙品”，其酒鬼酒系列也成功跻身高端白酒行列。

但是，让人无法想象的是，酒鬼酒却存在意想不到的致命危险。早在中国台湾“塑化剂”风波中臭名昭著的主角又一次被搬上台面。

2012年11月，21世纪网在酒鬼酒实际控制人中糖集团的子公司——北京中糖酒类有限公司购买了438元/瓶的酒鬼酒，并送上海天祥质量技术服务有限公司进行检测。检测报告显示，酒鬼酒中共检测出3种塑化剂成分，分别为邻苯二甲酸二（2-乙基）己酯（DEHP）、邻苯二甲酸二异丁酯（DIBP）和邻苯二甲酸二丁酯（DBP）。其中，邻苯二甲酸二丁酯（DBP）的含量为1.08mg/kg，严重超过卫生部关于DBP的最大残留量为0.3mg/kg的规定，超标达260%。

相关事件曝出之后，酒鬼酒股票市值连续下跌，跌停复牌后第三个交易日再度一字跌停，从2012年10月19日最高价61.45元开始，股价在23个交易日跌幅已经超过35%，市值蒸发74亿元。而酒鬼酒公司也在11月27日宣布，所有生产线全面停产，待更换设备后再恢复生产。

令人咋舌的是，2011年6月塑化剂在中国台湾引起轩然大波之后，酒业协会发现白酒产品中基本都含有塑化剂成分。酒业协会发布通知，要求相关企业开展自查、检测。酒鬼酒也收到相关通知，但并未提高责任意识以求彻底解决。社会责任感的缺失，导致企业塑化剂含量超标的问题一拖再拖，最终曝光于群众视线之中，给企业带来严重影响。

社会责任是公司的生存之本，如果一个公司缺失了对于社会公众和消费者基本的责任，就会被大众所抛弃。

在2012年8月31日举办的第四届中国社会责任年会上，华为公司成为获得最佳企业奖的中国企业之一。年会由《南方周末》发起主办，基于中国企业社会责任进行评选，旨在通过年度盛典，倡扬社会责任概念，标榜责任精神，树立年度责任标杆。

二十多年来，华为公司在开放中成长，致力于信息与通信解决方案的研究。现在已经服务于全球140多个国家三分之一的人口。作为一个负责任的企业公民，华为致力于回馈社会。

以华为公司在匈牙利的子公司为例，自2004年进入匈牙利通信市场后，经过8年的拓展，华为公司与匈牙利电信等当地主流运营商建立了战略合作伙伴关系，先后投资建设欧洲供应中心和物流中心，并取得了良好业绩。在拓展业务的同时，华为公司匈牙利子公司还积极承担社会责任，带动当地就业以回馈社会。在子公司雇员中，65%是当地人。截至2011年，已为当地创造了约1000个就业岗位。

华为公司还在匈牙利设立了15万美元的“华为创新领导者奖学金”，与布达佩斯科技与经济大学、布达佩斯科文努斯大学合作，计划于2011年至2015年间，为75名优秀的匈牙利学生提供奖学金，支持他们在学业上取得进步。此外，匈牙利子公司还积极参与当地的一些文化宣传和社会性公益活动，希望能让当地民众了解华为，了解中国。

为表扬华为提供良好社会服务的负责表现，2012年8月，美国行业与传播专业协会为华为公司颁发了最佳社区服务奖。

社会是公司利益的最终来源，如果公司都能够像华为这样，主动、勇敢地承担社会责任，就能赢得良好的社会声誉，得到全社会的支持与认可，从而为公司健康、平稳、可持续发展创造良好的平台。

负责就需要付出“代价”，付出了“代价”就会有良性回报，这样的公司才能在社会竞争中立于不败之地，才能在未来的社会中“活”得越来越好。

责任是公司的生存之本，丧失了社会责任感的公司是难以立足的，更别说有什么长远的发展。我们有理由相信：如果一个公司承担了自己所有的责任，那么公司的利润就必然会随责任的承担而出现！也只有那些勇于承担社会责任的公司，才能够得到社会和消费者的支持，从而得以健康、顺利地发展。

承担工作责任，为企业排忧解难

自然界中有许多互惠共生的现象。比如说，豆科植物的根瘤菌，它本身具有固氮的功能，为豆科植物提供了丰富的营养，同时它又可以借助豆科植物获得生存的空间。再比如非洲热带雨林中的大象、犀牛身上往往会有一些寄生虫，一些鸟类等小动物也栖息在它们身上，以这些小寄生虫为食，这样，大象、犀牛也避免了寄生虫对它们的侵害，可谓是互惠互利。

公司和员工的关系也有异曲同工之妙。一方面，公司的成长依赖于公司内部所有员工的共同努力和不断进步。每个员工的进步都会推动公司的成长，每个员工的努力都会为公司的进步增添一份力量；另一方面，公司的发展又为每名员工提供更好的发展机会和福利待遇，比如良好的培训机会和员工利润分享计划等。

沃尔玛是全美投资回报率最高的企业之一，其投资回报率为46%，即使在1991年经济不景气时期也达32%。它的历史远没有美国零售业百年老店“西尔斯”那么久远，但在短短三十几年的时间里，它就发展壮大成为全美乃至全世界最大的零售企业。当前，沃尔玛的经营哲学、管理技能已经成为全世界管理学界的热门话题，当然这也包括其成功的人力资源管理。

在沃尔玛，员工有一个著名的称谓——“合伙人”。一方面，沃尔玛把公司领导称为“公仆”，而另一方面又把员工称为“合伙人”，这与许多企业强调管理者的领导地位迥然不同。为什么会这样呢？这是因为，沃尔玛非常看重员工的责任感和忠诚度，所以，公司以其对员工平等相待的态度来赢得员工对企业的忠诚。沃尔玛员工的工资在同行业不是最高的，但是员工却非常忠诚于企业，他们以在沃尔玛工作为荣，把沃尔玛公司当作自己的家，因为他们在沃尔玛是“合伙人”。

在沃尔玛总部，一位女士因加入了公司的“利润分享计划”而感到由衷地庆幸，她叫玛丽，是一名普通的采购员。玛丽年轻时就进入沃尔玛工作，是沃尔玛的老员工。一开始，她的哥哥试图说服她辞去工作，他认为玛丽在沃尔玛以外的任何地方的工资都会比这里高。然而，玛丽留了下来，并成为公司“利润分享计划”中的一员。到了1991年，她的利润分享数字变成了228万美元，而她的职位也从原来普通的员工晋升为经理。玛丽很庆幸坚持了自己的意见，没有听从哥哥的话，也很高兴自己对沃尔玛忠心耿耿、尽职尽责。现在她不仅可以拿所挣的钱供她的宝贝女儿上大学，而且还在沃尔玛公司这个舞台上实现了她的人生目标。

在一个有着卓越企业文化和完善激励机制的企业中，员工和企业是一种互惠共生、共同成长、共同进步的良好关系，员工在享受公司提供的优厚待遇的同时，也会为企业着想，积极为企业未来的发展出谋划策并努力工作。即使企业一时遇到困难，员工也会与老板同舟共济，渡过难关。每个人都知道，只有企业上下齐心协力，才能使企业在激烈的竞争中立于不败之地，在老板赚取利润的同时，员工的利益才能得到持久的保障。

由此可见，员工负责任的最终结果就是个人与企业的双赢。双赢才是真赢，双赢才是市场经济的真谛。

但要实现双赢，还要求员工对双赢有一个明确的认识，即双赢首先是让公司先赢。作为员工，就要保证你的公司先赢，之后才是自己赢。如果公司赢了，整体效益上去了，你也就赢了。双赢战略有一种递进的关系。如果没有这种递进的关系，双赢战略就实施不好。员工必须站在公司利益的角度处理问题，这是至关重要的。要建设好利益共同体，员工就要有一个中长期的概念，明确什么是双赢战略，这样才能保证公司先赢，随即赢得自己的既得利益。

因此，公司的员工都应该有这样一种思维：公司与员工之间，应该基于互敬、寻求互惠的思考框架与心意，目的是获得更多的机会、财富及资源，而非患不足的敌对式竞争。双赢既非损人利己（赢输），亦非损己利人（输赢）。当然，如果公司只顾自己赢，而抛开员工的赢，最终的结果也会是双输。要知道，公司与员工的双赢是建立在公司先赢、员工后赢这个纽带上的，如果员工慢慢松开这个纽带，一股强风就会随之而来，作为员工的你会被连根拔起，吹进暴风雨中——你可能自己都不知道原因。因此，作为员工，要遵守双赢规则，兢兢业业、尽职尽责地工作，让公司先赢。

第2章 我是公司主人，我担核心责任

责任感及有效地派任职务是成功企业经营的要素之一。

——洛德福特

尽职尽责，处处为公司着想

在现实中，有些不负责任的员工认为：公司是老板的，我只是一个打工者，工作得再多、再出色，得好处的还是老板，自己根本没有必要为老板拼命工作。这种不为公司着想的员工，工作被动，没有热情，甚至对工作是应付了事。这种行为不仅是对公司和自己不负责任，也是在浪费自己的生命。

责任是每个人都应该认真面对的事情，假若一个人拿着公司的薪水，而不愿意承担责任，势必会影响公司的稳定和发展。所以，无论我们在哪一个岗位，无论我们是高贵还是卑微，我们都应该把自己彻底融入公司，处处站在公司的角度去处理问题，履行应尽的工作职责。

作为公司的一员，拿着公司的薪水，就应当把公司的事情当成自己的事，把自己的身心彻底融入公司，尽职尽责，处处为公司着想。

2012年11月25日，中国首艘航母“辽宁舰”成功起降歼-15舰载机，一时间下达起飞指令的动作也在网上大火。然而，真正实行这个命令下达的罗阳，却倒在了自己的工作岗位上。

由于保密需要，罗阳生前并不太为人所知。但他曾担任歼-15等多个重点型号战斗机的研制现场行政总指挥，业务精通、管理水平高超，在集团内部口碑极好、威信极高。作为歼-15飞机的研制现场总指挥，罗阳责任重大。

事后人们发现，从上航母前一周到最后牺牲，罗阳的行程紧张，非常劳累。他率沈飞参加珠海航展，然后飞到北京参加会议，回到辽宁后又马不停蹄搭乘直升机飞赴大连“辽宁舰”。

为了能够完成歼-15飞机的航母训练任务，尽管劳累，上了航母之后的罗阳把东西放好，一分钟都没有休息就上了塔台。从11月18日上舰，经过连续超强度工作，到25日上午“辽宁舰”即将靠岸时，罗阳已出现严重身体不适。一般早上6时就要起床的罗阳，当天没有吃早餐，靠岸前也没有上甲板向岸边的欢迎人群打招呼。在拖着病体勉强上岸后，他仍旧坚持和前来迎接的同事们一一握手才上车，最终不堪重负，用鞠躬尽瘁谱写了航天人对国家的责任。

前20年研发设计飞机，后10年制造生产飞机，这是罗阳30年航空报国的人生轨迹，在30年的生活中，罗阳把自己交给了国家，尽职尽责完成各项任务。正如罗阳的妻子褚晓文所说，他们这一代人，有着自觉承担国家使命的责任感。他用自己的感人事迹谱写了一首认真负责的赞歌。

一个像罗阳那样将企业利益和国家利益放在首位，把公司的事当成自己的事的人是不会把工作中的问题推给别人的。像这样的人，即使能力相对较弱，也能获得提拔，得到重用，实现自己的人生价值。

身为公司的一员，只要让自己全身心地融入公司，站在公司的角度去解决问题，才能和公司一同成长。对于任何一个公司来说，只有那些致力于成长，并不断成长的员工才是真正有价值的员工。公司的发展与你的前途息息相关，你为公司服务，公司为你创造发展的机遇，在公司成长的过程中，你也迈上了一个又一个新台阶。

公司发展壮大了，个人也就有了展示能力的舞台。可以说，把公司的事当成自己的事是一种最基本的职业要求，那么我们怎样做到这一点呢？

1．对自己工作中出现的问题不回避、不推诿，自觉主动地解决它。然而在现实工作中，却很少有人能够做到这一点，正是因为难得，这种精神在当今职场中显得更为珍贵。

2．在公司中，我们也应当把自己当成船长，充分发扬主人翁精神，将自己的所作所为置于企业的发展之中，把公司的目标作为自己的目标，担负起自己的工作责任，为公司的发展尽心竭力。

3．忠实于自己的工作。一个人在企业中无论以什么样的身份出现，对企业的忠诚都应该是一样的。一位成功学家说：“如果你是忠诚的，你就是成功的。”作为一名员工，你的忠诚对你自己而言，就是你成功的通行证。

做合伙人，而不仅是打工者

在职场中，很多人把自己定位于打工者，被动地按上级指示去工作，我们不能说这样的想法不对，但至少不能让你全力以赴地投入工作。如此一来，你也只能是职场中众多平庸者之一。

其实，作为公司或企业的一员，员工应该主动工作、积极做事，努力维护、建设和发展好公司这个平台。作为一名渴望在事业上有所发展的人，应该以“合伙人”的心态来工作。

每一个员工都应该明白，自己的工资收益完全来自公司的收益。因此，公司的立场就是自己的立场。“大河有水小河满，大河无水小河干”说的就是这个道理。聪明的员工会把自己当成公司的“合伙人”，而不仅仅是一个“打工者”。

世邦魏理仕（CBRE）总部位于美国加利福尼亚州洛杉矶，是“财富500强”和“标准普尔500强”企业，为全球最大的商业房地产服务公司（按2008年的营业额计算）。公司拥有员工超过30000名，在全球范围内通过300多家办事处（不含联营公司）为地产业主、投资者及承租者提供综合性地产服务。

胡港文在房地产行业从业25年，从一名房地产基层员工逐渐升级到世邦魏理仕华西区董事总经理，他成功的秘诀在于“把自己当成公司的合伙人”。

2012年5月，在西门子、百胜餐饮、浦项等众多高管亮相“世界500强企业高校巡讲”首次巡讲会时，胡港文表示，要想在职场获得成功，不能抱有自己是“打工仔”的心态：“如果你把自己当成是个打工的，就不要进入销售行业。我也是从基层做起的，我的心态就是，尽量成为公司的合伙人。”

在他看来，作为房地产策划人员，最好自己亲自去卖一下房，这样才会知道客户的需求在哪里，坐在房间里是想不出好方案的。胡港文很怀念和客户签合同、和客户讨论问题的经历。他曾经为了签一份合同软磨硬泡到凌晨三四点，客户说“我累了，同意签合同。”“如果以打工的心态谈判，可能会更早离开，拿不到这份合同。”他说。

挑战自己，为了成功全力以赴，并且一肩挑起责任。在做事情的过程中多一份“合伙人”的态度，我们就能更加积极地去工作，而不是被迫去工作。树立为自己打工的职业理念，能够让你在自己的工作岗位上发光发亮，培养出企业家的精神，创造出一番新的局面。

美国钢铁大王卡内基说过：“为我工作的人，要具备成为合伙人的能力。如果他不具备这个条件，不能把工作当成自己的事业，我是不会考虑给这样的年轻人机会的。”把公司当作自己的产业，能够让你拥有更大的发挥空间，使你在掌握实践机会的同时，能够为自己的工作负起责任。

他是一个年过五十的老工人，一个通过29年如一日的勤奋学习成长为为企业创造上千万元效益的工地专家，一个将自己钻研所学的知识和技术毫无保留地传授给300多位工友的人，一个带领着一支朝气蓬勃的学习型团队的人，他就是中国中铁一局电务公司电力高级技师，2007年被中国铁路工程总公司授予“劳动模范”称号的窦铁成。

窦铁成从一个只有初中文化的普通电务工，成长为给企业创造上千万元效益的“电力专家”、“金牌员工”、“工人教授”，在平凡的岗位上做出了不平凡的贡献。他的先进事迹突出表现为“五种精神”，其中之一就是忠诚企业、爱企如家的主人翁精神。他坚持把工地当作自己的家，把岗位当作实现抱负的舞台，把发展企业当作实现人生价值的追求，把个人的理想追求融入到企业的发展之中。

窦铁成的徒弟李洪江刚参加工作不久，有一天，他看见窦师傅在变电所的院里捡起两颗生锈的螺丝，很不理解。有次测试线路时，需要更换锈断的螺丝，大家很着急，怎么找都找不到合适的。

这时，只见窦师傅从身上掏出个小包，打开一看，里面是各种各样型号规格的螺丝，上次师父在院里捡的那两颗自然也在其中。

李洪江动情地说：“现在这个社会，爱企如家对很多人来说只是口号，可我师父，真的是把企业当成自己的家了！”

不难看出，窦铁成身上突出体现了爱企如家的主人翁精神。几十年如一日，凭着一颗诚挚的心，他始终忠于职守，不是把自己当成打工者，而是为企业尽心尽力，无私奉献，把岗位当作自己实现抱负的舞台，把发展企业当作实现自己人生价值的途径。这种负责的主人翁精神是他成为“金牌员工”的巨大动力。

有一些人谈到自己的职业状态时，很多会说出“打工”二字。最重要的不是他们说自己是在“打工”，而是他们通过这个词流露出的心态——没有自信，更没有自豪感。在这样的心态和观念指引下，很多人得过且过，对工作不主动负责，不愿意多付出一点点。

作为公司的一名员工，需要把自己的位置摆正，充分发挥合伙人的负责精神，只有这样才能视工作为事业，视事业为己任，关心和爱护周围的一切，事事为企业着想，处处为企业效力。那么在日常工作中应该怎样做呢？

1. 以公司的成功为己任，视自己为公司的老板，能够让你拥有更大的发挥空间。

2. 尽力寻找机会增加自己的价值，让自己的价值超过公司聘用你所付出的成本。

3. 尽量彰显自己的重要性，使自己不在工作岗位上的时候，公司的运作会受到影响。

不是老板，也要成为企业责任核心

企业的灵魂人物应该是这样一些人：他们有着远大的志向，能够在业务上独当一面，用业绩证明自己的价值，并且在企业拥有非同寻常的影响力。

在职场中，能够做好例行工作的人很多，但是在公司面临难关的时候，能够有所贡献的人却很少。而能做到的人，往往在难关面前显示出了自己的价值。这时，仅仅凭经验无法应付，更重要的是能超越私人的利害得失，有一往无前的气魄。这是对于公司真正有影响力、有价值的人，这种人叫作灵魂人物。

人人都能够靠积累、靠努力，成为公司的灵魂人物。无论你是什么样的人，都应该谨慎地工作。在老板心中，公司的灵魂人物占据着主要空间，灵魂人物最本质的一点，就是他们对公司的生存和发展起到了重要的作用。

若你的工作就像剧组里的导演，或者运动队中的教练一样，表面上并不风光，然而若没有你的辛苦工作，老板无法大红大紫，那么你就是灵魂人物。

一位心理学家在研究过程中，为了实地了解人们对待同一件事情在心理上所反映出来的个体差异，他来到一所正在建造中的大教堂，对现场忙碌的敲石工人进行访问。

心理学家问他遇到的第一位工人："请问你在做什么？"

工人没好气地回答："在做什么？你没看到吗？我正在用这个重得要命的铁锤，来敲碎这些该死的石头。而这些石头又特别硬，害得我的手酸麻不已，这真不是人干的工作。"

心理学家又找到第二位工人："请问你在做什么？"

第二位工人无奈地答道："为了每天50美元的工资，我才会做这件工作，若不是为了一家人的温饱，谁愿意干这份敲石头的粗活？"

心理学家问第三位工人："请问你在做什么？"

第三位工人眼光中闪烁着喜悦的神采："我正参与兴建这座雄伟华丽的大教堂。落成之后，这里可以容纳许多人来做礼拜。虽然敲石头的工作并不轻松，但当我想到，将来会有无数的人来到这儿，再次接受上帝的爱，心中便常为这份工作献上感恩。"

同样的工作，同样的环境，人们却有截然不同的感受。

第一种工人，是无可救药的人。可以设想，在不久的将来，他将不会得到任何工作的眷顾，甚至可能成为生活的弃儿。

第二种工人，是没有责任感和荣誉感的人。对他们抱有任何期望肯定是徒劳的，他们抱着为薪水而工作的态度，为了工作而工作。他们肯定不是企业可依靠和老板可依赖的员工。

第三种工人，是具有高度责任感和创造力的人。他们充分享受着工作的乐趣和荣誉，同时，因为他们的努力工作，工作也带给了他们足够的荣誉。他们就是企业想要的那种员工，也就是老板想要寻找的灵魂人物。

公司的灵魂人物应该是能够独当一面的，因为在工作上能够独当一面，老板才会信赖你。如果你能把同事们不能做的大事接下来，并能从容地把问题解决，老板往往会对你另眼相看。

杨元庆的年薪为9000万人民币，虽然与李嘉诚旗下和记黄埔的董事总经理霍建宁高达1.7亿港元的年薪仍有差距。但是这也足以让身为CEO的杨元庆，成为中国内地的“打工皇帝”。

1988年5月，联想第一次公开招聘员工。在来自全国的500个应聘者中，共有58人被录取，杨元庆和神州数码的老总郭为都在其中，不过，郭为一进公司就被任命为公关部经理，而杨元庆进公司后，三年来一直默默无闻。在这段时间里，杨元庆曾为联想公司起草过一份代理IBM PC业务的标书，但是报价却比别人高了一倍，结果不言而喻，杨元庆刚入职场就“呛了一口水”。但是杨元庆始终没有放弃在PC方面的创意和追求。

三年之后，机会终于落到了杨元庆身上。1992年，柳传志任命杨元庆成为公司计算机辅助设备部总经理。当时这个部门代理销售的是惠普公司的绘图仪。杨元庆凭借“分销”的概念，让自己一鸣惊人。两年后，当杨元庆离开时，这个部门的销售业绩增加了10倍，销售额从3000万元增加到了3亿元。

虽然只是一名默默无闻的小员工，杨元庆却没有因此消沉，而是自己为自己设定方向，承担企业业绩责任，让自己在不断努力中成长为企业的核心骨干，在联想成立微机事业部早期，获得了柳传志的极大信赖，柳传志甚至将相关的研发、生产、销售、物流供应和财务运作大权，全部交给了他。柳传志对杨元庆的信任，是无人能比的。

老板在工作中需要把握全局，每个部分的具体工作都由下属分工来负责。这就需要你能够独当一面，这是你升职的必备素质。

假如你在财务、英语、计算机等方面有特长，老板从这些方面认识到你的价值，你的地位才能巩固。另外，当下属可能仅仅是一种“过渡”，在“过渡”期内积累工作经验和能力十分重要。假如你没有独当一面的能力，那就把同事们不愿意做的小事情接下来。公司里有很多小事，这常常是被人忽略的地方，有心的下属是不会忽视小事的。

学做一些小事情，在老板看来，或许是查缺补漏，可是时间久了，你考虑事情周到、肯吃苦、工作认真的作风会深深地印在老板脑海里。

主动工作，不要等待老板的“施舍”

工作永远没有尽头，你永远都有事可做。不要每天想着，自己完成了哪些工作，要想一想自己还有哪些工作要做，还有哪些东西没有准备好，怎样才能做到尽善尽美，而不是打一下就挪一下。永远等着被人安排工作的员工太被动，不会自己考虑怎样把工作做得完美，做得周全。这样，很有可能一直无法充分施展自己的特长，让人看不到你过人的才干和能力。

看看你的身边，你会发现，有许多优秀的员工，这些人是公司的骄傲，是公司的财富。他们每个人都是很平凡的人，使他们显得与众不同的原因，仅仅是他们愿意每天都多付出一点点，一年365天，天天如此。只有不断地行动，才有不断的成就涌现。

方杰刚到麦可思的时候，老板让他多了解企业情况，规划一下公司的整体发展。老板给了他很多资料，嘱咐他要多向相关的同事了解情况。资料看过了，同事也一个个去谈了，写出来的方案仍给人一种浮在表面上的感觉。

方杰百思不得其解，特地打电话给自己认识的一位成功企业家，寻求指导。那位企业家提醒他，在规划产品时，不能仅仅依靠老板给他的资料，以及身边的几个同事，一定要从不同的角度，多方面了解公司以前做过的东西，认真做功课。同时思想要活络一些，用灵活的方式去做一些市场调查，收集同类企业的发展情况，以及同类型产品的市场状况等。

当认真研读过了之前产品的数百页开发策划案，并且做了大量市场调查以后，方杰才意识到，自己花了很多心思构想的企业发展方案，有一部分已经被过去的实践证明是错误的。

很多事情不是想象的那么轻而易举，随随便便搞出来的东西，必定经不起考验。不在工作中主动寻找需要补漏的地方，不会自觉地去思考、规划工作内容，不尽力做到每一步都完美的员工，就不是好员工。

上面的例子里，方杰遵循了老板给他部署的执行方案，资料也看了，同事也谈了，但写出的方案仍然不优质。企业家的话点醒了他，原来方杰自以为按照老板要求去做的工作远远不够。想做出优秀成果，仅靠听人差遣，自己不动脑，不多下工夫，是不行的。

有的员工认为那些无人负责的事和自己的工作职责无关，即使是一件随手可以做好的小事也不屑为之；而有的员工则能够把这些事看作是锻炼自己的机会，主动去做，并且能够脚踏实地做好。最终，前者仍然平庸，而后者赢得了成功的机会，成为促进公司发展的得力干将。

杰克·韦尔奇，美国通用电气公司前CEO，享誉全球的管理奇才。用美国《新闻周刊》的话来说，他有一项“秘密武器”，就是与他共事了14年的行政助理罗塞娜·博得斯基。

辅助老板的助手，通常无事不晓，从重大决策到最细微的个人问题，会有人怀着各种目的去助手那儿探听这些。而这种事情却并没有在罗塞娜·博得斯基身上发生过，她从来没有泄露从杰克·韦尔奇嘴里说出来的任何一个词，没透露经过韦尔奇桌上的任何一张纸片或任何一封电子邮件。

每个老板都有自己的行为风格、喜好怪癖，当然这一点在杰克·韦尔奇身上也不例外。作为助理的罗塞娜·博得斯基不仅要考虑到杰克·韦尔奇的个人特点，还需要面临各种不确定因素和压力，实现有效地向上管理。罗塞娜·博得斯基说：“每当杰克在最后时刻将计划变动时，我都告诉自己要忍耐。”杰克·韦尔奇在2001年9月从通用电气退休并创建私人咨询公司时，软磨硬泡地邀请罗塞娜·博得斯基出任其首席助理和员工主管。

好助手，是会让老板念念不忘的。因为主动工作，为自己的老板提供帮助，罗塞娜·博得斯基成为了被老板发现的金子。在工作中并不是多做事或多帮别人干点儿活就是吃亏。多做、主动做总会被老板看在眼里，在职场中占得先机。即便是同样渴望升职的同事，对你的主动和努力也无话可说。

被动工作的人，总是习惯说：“没有意见。”每当公司的人力资源部征询大家对制度的看法，或是IT部征询大家对公司网站页面风格的看法时，有多少人是回答“没有意见”？有职场经验的人都知道，一个组织中回答“没有意见”的是“沉默的大多数”。其实这种“没有意见”便是一种各扫门前雪，事不关己、高高挂起的态度。如果真正认真“看过”，并且“了解”，是不太可能“没有意见”的。

要把握住工作中的机遇，我们不能被动等待上级指派任务，而是应当积极思考，及时发现工作中的漏洞，想他人所未想，这样你才能随时应对可能出现的问题，为自己的成长赢得机遇。当今市场竞争十分激烈，企业即使分工十分明确，也会有一些意料之外的情况发生，出现一些无人负责的工作。从员工以什么样的态度来对待这些工作，就可以判断出员工的敬业精神和责任感。

像老板一样思考，像老板一样行动

很多员工都有这样一种心态，自己是一位员工，因而只做与自己职责相关，并与自己所得薪水相称的那些工作。这样一种心态定位，使他们只盯着自己分内的那些工作，而不想额外多干一点，甚至经常以老板苛刻为理由，连自己分内的工作都不努力去做，敷衍塞责，偷懒混日，被动地应付上司分派下来的工作。结果几年过后，除了拿那点薪水外，毫无所获，甚至因态度不积极，自己的那份工作和薪水也保不住，这是典型的穷人心态。

如果你也抱着这样的心态打工，你就永远只能是打工者，甚至连工也没得打，只好忍饥挨饿，在抱怨中过着贫穷的生活。

有一个名牌大学毕业的高才生，他的条件很优越，但是对待工作总是显得漫不经心。许多朋友都对他进行了劝说，但他的回答永远是："这又不是我的公司，我没有必要为老板拼命。如果是我自己的公司，我相信自己一定会比他更努力，做得更好。"

一年以后，他离开了原来的公司，自己独立创业，开办了一家小公司。"我会很用心地做好它，因为它是我自己的。"这是他在离开原来公司时，对朋友与同事说出的话。很多人都对他表示了祝贺，同时也提醒他注意，对未来可能遭遇的挫折一定要有足够的思想准备。

半年以后，从这个年轻人那里传来了不好的消息，由于经营管理不善，他一个月前关闭了自己的公司，重新回到打工族群体，理由是：“我发现原来有那么多的事要我去做，我实在是应付不了。”

因为不能够脚踏实地做好自己分内的工作，这个年轻人在自己开办公司的时候并没有足够的经验支撑自己的事业。只要你以老板的心态去对待公司，以老板的心态去做好你所从事的工作，你就会在职场中慢慢成长起来，最后获得成功。

优秀的员工通常以老板的心态对待工作，因为这对于一个人的事业发展高度有很大的影响。一位老板曾说过，看一个人有没有出息，不是看他处在什么环境，干什么工作，而是要看他以怎样的心态来对待环境，对待工作。如果你以老板的心态来工作，那么你就会从全局的角度来考虑工作，确定这份工作所处的位置，从而把工作完成得更圆满、更出色。

一个积极主动的员工总是会带着思考去工作。

谭丁是沃尔玛山姆会员商店采购部前副总裁。1995年沃尔玛（中国）公司开始筹备的时候，刚刚从上海交大毕业的谭丁就加入了这家世界级大公司。由于对采购工作没有任何经验，当时的谭丁工作进行得极其艰难，但是，她始终坚持一个原则，随时都要想着为公司争取到最大的利益。

正是有了这种老板心态，她在工作中逐渐积累经验，掌握了谈判的要诀和技巧，同时注意把握考虑供货商的利益，终于打开了采购工作的局面。

在沃尔玛工作的16年时间中，谭丁充分发挥自己的主动积极性，动脑筋、拓思维，成长为沃尔玛的采购部骨干。同时，她获得沃尔玛推选优秀员工攻读MBA课程的资格，通过学习提高个人综合能力，虽然刚加入公司时只是一名普通的助理采购经理，但在沃尔玛的16年时间中，她先后参与了“目标管理层加速发展计划”，完成了MBA课程，业务技能、沟通水平、管理艺术等方面都有了很大提高，最终成长为中国山姆会员商店的高级采购总监。

此后不久，谭丁还成为沃尔玛的TMAP计划培训人员，这个培训计划的目标就是成为接班人，可能是上一级主管，也可能是更高的管理层。在陈耀昌主政沃尔玛的最后一年里，她被提到了副总裁的位置上。

谭丁的事例告诉我们，抛弃打工心态，一个以老板心态对待工作的人，无论在工作中遇到什么困难，都会时刻从公司的利益出发，以超强的毅力去完成自己的工作。

工作中千万不要以为所有计划的实施都能顺顺利利，事先想好后备方案是发生意外的解救措施。比如你的老板准备出差，而你必须替他设想可能遗漏的东西及可能出现的突发状况。如此一来，他不但会衷心感谢你，也会对你积极思考换来的应变能力留下深刻的印象。

像老板一样思考，像老板一样行动，你就具备了老板的心态，你就会去考虑企业的成长，你就会将企业的事情看成是自己的事情，你就会知道什么是自己应该去做的、什么是自己不应该做的。反之，你会认为自己永远是打工者，出力流汗拿工钱，企业的命运与自己无关，得过且过，不负责任。

以老板的心态对待公司，你就会成为一个值得信赖的人，一个老板乐意雇用的人，一个能成为老板得力助手的人。因为一个为公司尽职尽责的人，具有老板心态，往往已经把这份工作看成是自己的事业。能够肯定的是，在晚上休息时你一定能够沉稳入眠，因为你清楚自己已全力以赴，已完成了自己所设定的目标。

敢于主动负责，为企业排忧解难

公司的每个部门和每个岗位都有自己的职责，但总有一些突发事件无法明确地划分到某个部门或个人，而这些事情往往还都是比较紧急或重要的。如果你是一名称职的员工，就应该从维护公司利益的角度出发，积极处理这些事情。

如果这是一项艰巨的任务，你就更应该主动去承担。不论事情成败与否，这种迎难而上的精神也会让大家对你产生认同。在完成这些艰巨任务的过程中，你有时会感到很痛苦，但痛苦却会让你变得更成熟。但是，承担艰巨的任务是锻炼自己能力的难得机会，长期坚持，你的能力和经验会迅速提升。

艾柯卡是一个传奇性的人物，每个月里有成百上千个团体、单位邀请他去演讲。不论在美国的哪个城市，只要他一出现，就有许多人围着他，要他签名留念，好像他是个大明星。他也确实是个明星，一颗光彩照人的企业明星。他曾是美国福特汽车公司的总经理，也是克莱斯勒汽车公司的总经理。

在福特最初奋斗的日子里，艾柯卡等不到天亮就起来工作；夜幕降临，他还不想离开工作岗位。他日思夜想，总想自己设计出新型号的汽车。最终，1965年，由他所研制的“野马”在美国风靡一时，车辆销售量还一度打破了福特公司的纪录。

在任福特汽车公司总裁时，艾柯卡的周围聚集了一大批优秀的管理人才。而当他离开福特公司到克莱斯勒公司任董事长时，这批人纷纷涌向克莱斯勒，他们放弃了福特的优厚待遇，谢绝了福特的挽留，而甘愿和艾柯卡一起冒风险、尝艰辛。

艾柯卡说：“我设法寻找那些有干劲、负责任的人，那样的人不需要多。在克莱斯勒，我大约有12个这样的人。他们具有的力量就是他们对工作的热情与责任心。”由此可见，艾柯卡对敢于承担责任的人的重视。

就像艾柯卡喜欢寻找负责任的员工那样，老板也都喜欢那些敢于挺身而出，承担重大责任和艰巨任务的人。油滑谄媚、善拍马屁的人或许会获得一时的宠信，但遇到实际问题时，老板决不会信赖和依靠他们。

当你万分羡慕那些有着杰出表现的同事，羡慕他们深得老板器重并被委以重任时，你一定要明白，他们的成功绝不是偶然的。仔细观察就会发现，这些员工与别人的区别至少有一点——“勇于负责”。在很大程度上，成功取决于个性特征、才能和全力以赴做好工作的责任感和精神。

责任感是员工的第一张职场名片，企业对人才首要的要求就是能承担责任。那些处处从公司角度考虑问题的员工，总能够在老板最需要的关键时刻挺身而出，为公司排忧解难，帮老板解决问题。

你还记得抗洪中感人的情景吗？当堤坝上出现缺口时，谁在附近谁就用身体堵上去，因为那是关键时刻，刻不容缓。同样，公司的经营和运转也像堤坝一样随时都会发生许多意外的事件，给公司和老板带来棘手的问题，有些迫在眉睫，必须马上解决，这时就需要你挺身而出，帮老板解决所遇到的问题或困境。

郭怀保在华电集团十年间，经历了电企总经理、财务公司总经理、发电运营公司总经理、资本控股公司总经理四大角色的转换。

中国华电集团旗下的苇湖梁发电公司连续6年巨亏。2003年9月，郭怀保就任苇湖梁发电公司总经理，2004年年底该公司成为华电新疆企业扭亏为盈第一家。2004年11月，郭怀保调任华电集团财务公司副总经理，分管结算部。

在每一个陌生的领域，他不但很快成为行家，而且均取得了卓尔不群的骄人业绩。国资委对中央企业财务集中管理提出新的要求与标准，当时有三种现成模式可供选择，郭怀保断然否决。他说："我们所做的每一项工作必须对未来负责。"在他的主导之下，华电集团建立了一套独特、能带来超额效益、具备持续发展空间、五年十年不落后的属于华电自己的系统。

郭怀保勇于担当，带领公司员工主动履行社会责任，带头交纳特殊党费，先后组织公司"郭明义爱心团队"到贵州、新疆等贫困地区，开展捐资助学活动。在公司领导一班人的带领下，资本控股公司先后被授予"中央企业先进集体"、"全国电力系统优秀企业”等荣誉称号。郭怀保也获得了“全国电力行业优秀企业家”、“中国华电集团公司劳动模范”荣誉称号。

企业的发展不可能风平浪静，企业的管理也不可能滴水不漏，老板的才能也不可能没有欠缺，一个勇于负责的员工应当在老板需要的时刻挺身而出，该出手时就出手，为老板分担风险，这样必将赢得其他同事的尊敬，更能得到老板的信任和器重。

逃避责任的员工，是永远都不会进入老板视野的，也永远不会成为公司的核心员工，因为他们根本不能替老板解决工作中的困难。那么我们怎样才能成为一个能为老板分忧解难，让老板喜欢的员工呢？

1．自己要有承担压力和困难的能力，这样当问题出现时，我们才不会退缩。

2．要善于领悟老板的心思，急老板之所急。

3．要努力提高自己抗风险的能力，这样才能帮助老板处理一些突如其来的问题。

第3章 对工作负责，就是对自己负责

人生须知负责任的苦处，才能知道尽责任的乐趣。

——梁启超

责任无处不在，谁也无法推脱

一个人生活在社会中，必然要和社会、集体、他人发生一定的关系，扮演不同的角色，而每个角色都有应尽的责任和义务。在家庭中，父母对子女，子女对父母，夫妻之间都有应尽的责任和义务，许多责任甚至是以法律的形式确定下来的。

在企业中，员工对工作，老板对员工都有应尽的责任和义务。也可以说，正是因为每种角色对自己责任的担当，才有美满的家庭、和谐的社会。因此，人与人之间关系的重要纽带就是责任，角色饰演的最大成功就是完成应尽的义务。

人来到世上，并不是为了享受，而是为了完成自己的使命。责任是天赋的使命，推卸责任就背离了自己的使命，这样只会给我们自己及周围的人带来伤害。

叙利奥是小学五年级的学生，他父亲是铁路上的职员，一家过着清苦的生活，钱总是不够用。父亲不因孩子多而觉得累赘，一家人的生活重担全压在他肩膀上。他白天在铁路上工作，晚上又从别处接了文件来抄写，这工作很辛苦，每天夜里趴在桌子上要写到很晚才睡。

有一天，叙利奥向他父亲说："父亲！我来替你写吧。我能写得和您一样好。"

但是父亲无论如何不答应："不要。你应该用功念书。就是一个钟头，也不能占用。"

叙利奥知道父亲的脾气，不再请求，只好暗自想办法。每天晚上，他到半夜才听见父亲停止工作，回到卧室去。一天晚上，叙利奥等父亲去睡了后，起来悄悄地穿好衣裳，蹑着脚走进父亲写字的房子里，把油灯点着，在案上仿着父亲的笔迹写起来。

这样经过了好几天，父亲发现自己抄写得越来越快，却未曾发现叙利奥的秘密。只有一次，父亲在晚餐时说："真是奇怪！近来灯油突然费多了。"叙利奥听了暗笑，幸而父亲不再说别的，此后他就每夜起来抄写。

叙利奥为减轻父亲的压力，把半夜抄写的工作当作自己的工作使命。对他而言，这是一件有意义的工作，所以他充满责任感地工作着。责任让我们看到工作的意义和使命，正是这份责任感保证了我们个人和家庭的幸福，以及整个社会的正常运转。

天赋责任，我们没有理由推卸。虽然被我们所熟知的还是"天赋人权"，每一个人从出生的那一刻起，就拥有了作为社会和国家的一员应当拥有的权利，它不需要什么前提条件。但同时，我们不能忽视的是，权利因为责任而存在，在上天赋予我们权利的同时，也赋予了我们相应的责任，这也是不需要什么前提条件的。只有在履行责任的前提下，才可能充分享受权利，承担责任是人的天职。

清醒地意识到自己的责任，并勇敢地承担起来，这样的人无论是对自己还是对社会都是问心无愧的。

曾墨彰是一个出生于贫困山区的大学生，刚踏入社会时，没有任何的财富和社会背景可以依靠。然而短短十年，从一名普通的大学毕业生到一位年薪超过百万元的高级职业经理人，他的职业生涯道路比很多人都顺畅。

在一家论资排辈的大型国有企业，走出校门不久的曾墨彰，以最浅的资历和最小的年龄跻身中层管理者行列；在一家竞争白热化的外资企业，他在第一个月里连续加薪三次，在第一个季度里连升三级；在一家大型民营企业里，他的年薪超过一百万元；另外，还有多家企业愿意给他更高的薪水，更有不少猎头公司时刻关注着他的职业动向……而且，在他成长的过程中，几乎每个时期都会有多位老板争相聘请他。

“你的运气真好！”很多人曾这样对曾墨彰说过。每当这时，曾墨彰只是微笑着回应一句：“是的，我这一路走来的确顺利。”他心里明白就是凭着自己身上比别人多了一份对工作的强烈责任心，才一步步走到今天的。

曾墨彰的成功靠的是他良好的职业精神和对待工作的高度责任感。如果只是一时顺畅，有可能是运气，而时时顺畅，就不单单是运气了。

一个人的价值，不在于他得到了多少，而在于他付出了多少；一个人的声誉，并不取决于他的权力有多大，而取决于他承担了多大的责任。为富不仁者之所以被人唾弃，位高权重却昏庸无能的家伙之所以被人赶下台，都是因为他们缺乏责任感。

在企业中，员工和企业之间是一种基于责任的契约关系，而不单单是一种利益关系。因为一个人工作不仅仅是为了钱、为了生存，工作还是人的一种需要，是人寻找个体价值的一种选择。

工作和事业满足了人自我实现的需要，而这是人的最高需要。人需要认同感和满足感，工作满足了人的这种需要。

所以，我们不能推卸责任，推卸责任就意味着我们失去了实现自己人生价值的机会。

坚守工作责任，让人格趋于完美

信守责任，可以让我们的人格趋于完美。当一个人承担起责任，并时时保持一种高度的责任感时，会让其他的人受到感染，也树立起自己的责任感。责任是一种品格，它是能让别人看到的，也能积淀在一个懂得责任的人的骨子里。爱默生说："责任具有至高无上的价值，它是一种伟大的品格，在所有价值中它处于最高的位置。"科尔顿说："人生中只有一种追求，一种至高无上的追求——就是对责任的追求。"

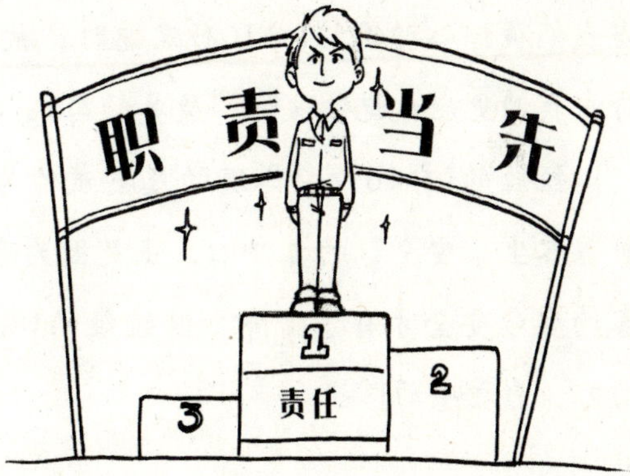

人们永远尊重有责任感的人，就像永远尊重对自己的人格负责的人一样。

一个普通的大客车司机，一次最平常的出车，但在飞来横祸的那一刻，所表现出的那一份为乘客的安全负责的责任心，感动了全国人民！他无愧于“平民英雄”、“最美司机”的荣誉称号。

2012年5月29日，网上迅速流传开一段视频，如实地反映了那一幕。一块飞来的钢板，打破了正以每小时100公里速度正常行驶的大客车的挡风玻璃，打坏了仪表盘，重重地打在了司机吴斌的身上，在这巨大的冲击下，吴斌忍住剧痛，下意识地双手握紧方向盘，减挡、刹车，把车稳稳地停住，拉手刹，开启双闪灯，一切显得那么从容和自然，最后还挣扎着站起身走到乘客面前，告诉大家目前在高速公路上，一定要注意安全后才倒下。

1分16秒，一段普通客运司机对24条鲜活生命完美交代的辉煌时间；1分16秒，他用一连串动作向我们诠释了生命之责任！当我们被惊心动魄的1分16秒震撼时，被平静稳步的1分16秒感动时，我们更应该记住这位“最美的司机”的崇高责任感。

短短的1分16秒，体现的是吴斌作为一个普通客车司机“保护乘客生命安全”的责任心，正是因为有了这种责任心，24名乘客的生命安全才有了保障。这短短的1分16秒，让全国人民为之动容，为之感动！

责任是一种伟大人格的体现，一个人最有魅力的时刻莫过于他承担责任的那一瞬间。意大利哲学家马志尼说过这样的话：“我们必须找到一项比任何理论都优越的教育原则，用它指导人们向美好的方向发展，教育他们树立坚贞不渝的自我牺牲精神，这个原则就是责任，这种责任是他们终生的责任！”

正如“感动中国”人物洪战辉所说：“我要对我自己负责任，对我的生命负责任，当然也要对我的家庭负责任，对整个社会负责任。”

责任是一个人品格和能力的承载，是一个人走向成功必不可少的素养。所有成功的人，都有一个共同的品质——责任感。聪明、才智、学识、机缘等固然是促成一个人成功的必要因素，但缺乏了责任感，他仍是不会成功的。做了不等于做好，要做就做最好。职场中总有一些人，看似每天忙碌不停，做了很多事，可老板并不满意。其中关键的一点，他们把“做了”等同于“做好”了。总是习惯性地把事情做完，却没有把事情做好。

无论做任何事情，都应该以“坚守责任，追求卓越”为目标，以“职责之内，做到最好”为标尺，这样才能出色地完成任务。但凡优秀的员工，都有一种“坚守岗位职责，把每件事情做到最好”的坚定信念。

亨利·谢拉德是底特律中学的希腊语教员，他以高标准、严要求而著称。然而，也正是他这种“要做就做到最好”的行为方式深深地影响了他的学生墨菲。

有一天，谢拉德严肃地注视着墨菲和他的同学们很长时间。然后，他用极温和的语气说：“这么说，你们想学希腊语了？但是，我希望你们知道你们面临的是什么。我有言在先，我可是一个不满足于一般好的人。我不喜欢好的学生，只喜欢最优秀的学生。”

墨菲被谢拉德真诚而坚定的话语所震惊，他以前只知道要做好，但从来没有想过要做到最好。于是，墨菲开始了对一生有决定意义的两年学习生活。有时，为了纠正一个重音上的错误，墨菲写满一黑板句子后，自己全部擦掉，再重写一遍。别人被迫写10遍的东西，墨菲却要写20遍，在回家路上，墨菲常常在许多包装纸上抄满希腊语句子。

谢拉德用蓝铅笔改正墨菲和他的同学们每天交上去的卷子，在出现严重错误的地方写上十分不客气的评语，他从不忽略一行。当墨菲把作业做得无可挑剔的时候，谢拉德并没有表扬他，而是让他继续努力，争取有更好的表现。

后来在学希伯来语、阿拉伯语和社会学时，墨菲都努力用这种方法学，并严格按谢拉德的要求做事。直到现在，半个世纪过后，墨菲还是根据这种标准来要求自己、衡量别人，他说："任何值得做的事，都值得做好，任何值得做好的事，都值得做到最好。"

谢拉德对墨菲的严格要求，可以说是墨菲一生受益无穷的财富，它教会墨菲"要做就做到最好"的道理，这让墨菲在整个人生中对优秀孜孜以求，无论到什么地方，面临怎样的际遇，都不会失败。在职业生涯中，我们要像墨菲一样把自己的工作落实到最好。

当责任成为一种习惯时，工作对于自身的意义就不仅仅是赚钱那么简单，也就不会因为公司的规定而觉得自己的自由受到了羁绊，更不会做出违背公司利益的事。

另外，责任能够为你的人格增添魅力，能够让你的人格更快地成熟起来。一位曾多次受到公司嘉奖的员工说："我因为责任感而多次受到公司的表扬和鼓励，其实我觉得自己真的没做什么。我很感谢公司对我的鼓励，其实担当责任或者愿意负责并不是一件困难的事，如果你把它当作一种习惯的话。”

当承担责任成为你的工作习惯时，你的身上就会焕发出无穷的人格魅力。

对工作负责，就是对自己负责

美国前总统杜鲁门的桌子上摆着一个牌子，上面写着：The buck stops here（问题到此为止）。这就是责任。总统有总统的责任，员工有员工的责任。对于任何一名员工来说，工作就意味着责任，没有责任感的员工不可能成为一名优秀的员工。

员工对自己的工作负责，就是对自己负责。当你视工作为你生命中必须完成的重要使命时，你就会更容易认同你所从事的职业，并且长久地保持工作热情。马斯洛说：“音乐家作曲，画家作画，诗人写诗，只有如此方能心安理得。”

一家大型公司要裁员了，杰奎琳和露茜都不幸上了解雇名单，被通知一个月之后离职。两个人都在公司待了近十年了。

杰奎琳回家后，一整夜没有睡着，第二天更是十分气愤，逢人就大吐冤情：“我在公司待了这么多年，平时兢兢业业，没有功劳也有苦劳，凭什么解雇我呢？”

刚开始的时候，其他同事出于同情，还会安慰她几句，可杰奎琳老是唠唠叨叨，就让人烦了。尤其是她竟然含沙射影，仿佛自己被人陷害了似的，看谁都不顺眼，对谁都没有好脸色，后来大家都怕碰到她，见她来了就远远躲开或绕道而行。

杰奎琳还把怨气发泄在工作上："反正我在这儿只有一个月，干好干坏一个样，不如干坏一点，让陷害我的人遭受损失，让老板遭受损失。"结果，她做的工作相当糟糕。

露茜在看到自己的名字上了解雇名单后，当然也难过了一晚上，但她的态度和杰奎琳截然不同："既然只有一个月时间了，不如给大家留下个好印象。"于是，她从不说自己被解雇的事，别人偶尔提起时，她只说自己能力不足，应该被淘汰。她还逢人就道别："再过些日子，我就要走了，不能再与你们共事了，请多保重。"大家见她这么重感情，反而更亲近她了，这让她的心情好多了。在工作上，露茜的想法是："在岗一天就应该负责任一天，给公司、老板和同事留下一些美好的回忆，即使我走了，也会有人夸我、想念我。"

一个月很快到了，杰奎琳如期离职，露茜却被老板留了下来。老板说："像露茜这样对工作认真负责的员工，正是我们需要的，我们怎么舍得她离开呢？"

机会青睐认真负责的人，即便得知自己已经上了解雇名单，露茜仍旧选择用认真的态度对待工作，对工作负责，对自己的最后一班岗负责。生活总是会给每个人回报的，无论是荣誉还是财富，前提是你必须转变自己的思想和认识，努力培养自己勇于负责的工作精神。当你具备了勇于负责的精神之后，自然会得到老板的青睐。

在现实工作中，一个人做事情的态度决定着成功的大小，其态度的好坏，就在于有没有把责任感当作一种信仰。在工作中，敬业是责任，而责任是一种虔诚。任何时候，我们都不能放弃肩上的责任，扛着它，才能成就非凡。

古希腊雕刻家菲迪亚斯被委任雕刻一座雕像，当菲迪亚斯完成雕像要求支付薪酬时，雅典市的会计官却以任何人都看不到为由拒绝支付薪水。

菲迪亚斯反驳说："你错了，上帝看见了！上帝在把这项工作委派给我的时候，他就一直在旁边注视着我！他知道我是如何一点一滴地完成这座雕像的。"

每个人心中都有一个上帝，工作就是我们的上帝，也是我们的信仰。菲迪亚斯相信自己的努力一定会被上帝看见，同时他坚信自己的雕像是一件完美的作品。这就是心安，菲迪亚斯凭心听神圣，让自己看到了敬业的意义。这是一种虔诚的宗教精神，尊重神圣、尊重人的尊严。在工作中，敬业是责任，而责任是一种虔诚。

事实证明了菲迪亚斯的伟大，这座雕像在2400年后的今天，仍然矗立在帕特农神殿的屋顶上，成为受人仰视的艺术杰作。

雕刻雕像是神赋予菲迪亚斯的伟大使命，他不仅出色地完成了这个使命，而且还把使命的意义向人们传达了出来。事实上，无论我们有没有虔诚的信仰，都必须在内心中把对工作负责当作一种信仰来看待。人在现实中的职业和工作，就是一种天职。

日出而作、日落而息的生活规律古已有之，但在作与息的交替轮回中，我们也耗尽了生命，所以工作既是我们生活的一部分，也是我们生命的重要组成部分。既然工作是上天赋予我们的使命，我们就必须用生命去工作，用一种虔诚的责任感去完成。可以这样说，我们每个人的工作都是我们亲手制成的雕像，是美丽还是丑陋，是可爱还是可憎，都是由我们自己创造出来的，正如我们的人生路是靠自己走出来的一样。一个人工作时，如果能以生生不息的精神、火焰般的热忱，充分发挥自己的特长，那么不论所做的工作怎样，都不会觉得辛苦。

在我们的生命中，有近乎三分之一的时间是在工作。从某种意义上说，生命就是在工作中度过的，因此我们应该让自己的生命更加色彩斑斓。把工作当成一种信仰，生命才不会虚度，才有了一种信念的支柱。用一颗虔诚的心来完成工作，你会发现工作如同生命一样多彩。

如果你接受了一项工作，那就像菲迪亚斯那样拥抱它吧！你会为你拥有这样的工作而自豪，因为你已经找到了为世界作出贡献的途径。经由这个途径，你会发现工作的乐趣及人生的意义。

担负责任工作，捕捉晋升良机

“机会在哪里？”这是很多人，尤其是那些渴望在事业上取得成功的年轻人经常挂在嘴边的一句话。事实上，机会就在每一个人的身边。有很多人抱怨机会太少，其中一个重要原因就是他们没有认识到责任就是机会，见到责任就躲，结果把机会也躲掉了。

在工作中，有些人在听到上级安排任务时，他们的第一个反应就是：“麻烦事来了。”或者说：“这是额外的责任，我不能去承担。”也许麻烦暂时没有了，但你也可能失去了一个晋升的机会。

一家大公司推出了新的产品，需要更新品牌，公司所有员工都为更换品牌的事情忙得不亦乐乎，而更换品牌的花费也非常高。其中有一个小插曲，公司在全国有七十几块的路牌广告要更换刷新成一个新的路牌，所有的计划都在进行当中。

有一天，公司品牌更换计划的负责人苏涯跑来跟总经理说，他认为有一笔3万元的经费可以省下来，因为这七十几块路牌大小都不一样，本来是要找广告公司来帮公司做出七十多种图档，要花3万元，其实公司内部的美工加班加点做个一两天，就可以做完，那这笔钱就可以省下来了。

其实在这个品牌更换的过程当中，公司花的钱很多，这一笔钱早就是在预算内的，可是苏涯想到这个问题，然后就以这种“把钱花在刀刃上”的主人翁精神，来做这样的提议，他觉得这件事情好像是他自己要做的事情，本来就应该是这样，帮公司把最少的资源用在最大价值的地方。

后来，老板采纳了苏涯很多的建议。老板很欣慰，他觉得有这样的员工是他的骄傲。苏涯对企业负责的态度受到老板的赏识，很快被老板提拔为左膀右臂来栽培。

强烈的责任感是职场成功人士的一大亮点，它可以让一个初出茅庐、能力平平的人脱颖而出，迅速成为公司里炙手可热的关键人物。如果你能够像苏涯那样对自己的工作尽职尽责，那么你也会是一个很容易成功的人。

有的人抱怨自己得不到升职，可能是因为自己还不够聪明，不能正确揣摩老板的心思。其实每个人的心思都不好揣摩，特别是对于很多具体的事情，要想完全揣摩透老板可以说是不可能的。但对于做人做事的基本原则，其实根本就不用揣摩，因为那是非常清楚和明确的。

对于升职，老板心中最根本的标准就是责任，其实很多成功人士的成长经历也能够完全证明这一点。

查理·贝尔曾经担任麦当劳快餐连锁店总裁，于2002年12月担任麦当劳公司首席运营官，2004年4月至11月期间担任麦当劳公司总裁兼首席执行官。他是第一位非美国人的麦当劳公司掌门人。他的职业生涯始于15岁。1976年，年仅15岁的贝尔无奈之中走进了一家麦当劳店，他想打工挣点零用钱，也没有想过以后在这里会有什么前途。他被录用了，工作是打扫厕所。虽然扫厕所的活儿又脏又累，但贝尔却对这份工作十分负责，做得十分认真。

贝尔是个勤劳的孩子，常常是扫完厕所，就擦地板；擦完地板，又去帮着翻正在烘烤的汉堡包。不管什么事他都认真负责地去做，他的表现令麦当劳打入澳大利亚餐饮市场的奠基人彼得·里奇心中暗暗喜欢。没过多久，里奇说服贝尔签了员工培训协议，把贝尔引向正规职业培训。培训结束后，里奇又把贝尔放在店内各个岗位上。虽然只是做钟点工，但悟性出众的贝尔不负里奇的一片苦心，经过几年锻炼，全面掌握了麦当劳的生产、服务、管理等一系列工作。19岁那年，贝尔被提升为澳大利亚最年轻的麦当劳店面经理。

贝尔的成功说明了这样一个道理：作为一名员工，如果你能对工作有一种强烈的责任感，那么你肯定是一个容易成功的人。由于你的责任感和不断的努力，公司才得到了长足的发展。作为老板，最先奖赏的自然就是你。你为公司付出你的责任感，公司当然也会对你的发展负责，你将会得到老板的赏识，这样你自然就能脱颖而出了。

可以这么说，机会就蕴藏在责任之中。责任就等于机会，承担责任的人，不一定马上会得到回报，但终会得到回报。责任和机会的关系，分析起来有以下三种情形。

1．责任与机会合二为一

比如，某公司有一个重要项目需要实施，董事长提议竞争上岗，谁做好了，谁就是下一任董事长。谁都看得出来，做好项目既是责任也是机会。

2．责任中隐藏着机会

比如，老板对一位员工说："你去开发西北市场。"表面看来，老板是给员工一个任务，实则是给员工一个机会，因为如果开发西北市场成功了，这位员工可能获得西北市场总经理的位置。

3．机会中隐藏着责任

比如，老板任命某员工为副总经理。从表面上看，这是一个机会，事实上，它同时又是责任，被任命为副总经理，意味着要承担起一个合格的副总经理应当承担的责任。

上面三点归纳起来，实际上就是一种关系：“责任就是机会”，或者说“机会等于责任”。因此，当你觉得自己缺少机会或者是职业道路不顺畅时，不要抱怨环境，而应该问问自己是否承担了责任。

唤醒沉睡的责任，卓越自有捷径

有些员工认为，只有那些有权力的人才有责任，而自己只是一名普通员工，没什么责任可言；一旦出现错误，有权力的人理应承担责任。有这样想法的员工，根本没有意识到自己的责任，当然他们也不可能在工作中有什么出色的表现，也根本不可能创造卓越。

莱特是美国著名的建筑大师之一，在他毕生许多作品中，最杰出的也许要算坐落于日本东京的帝国饭店。这座建筑物使他名列当代世界一流建筑师。

1916年，日本小仓公爵率领了一批随员，代表日本政府前往美国礼聘莱特建一座不畏地震的建筑。莱特随团赴日，将各种问题实地考察了一番，发现日本的地震是继剧震而来的波状运动，于是断定许多建筑物之所以倒塌实际上是因为地基过深，地基过厚。过深、过厚的地基会随着地壳移动，建筑物势必坍塌。

莱特决定尽量利用那层深仅8英尺的土壤。他所设计的地基是由许多水泥柱组成，柱子穿透土壤设立在海泥上面，可是这种地基究竟能不能支撑偌大一座建筑物呢？莱特费了一整年工夫在地面遍击洞孔从事实验。他将长度8英尺、直径8英寸的竹竿插进土里，随即很快抽出来以防地下水冒出，然后注入水泥，他在这种水泥柱上压以铸铁，测试它能负担的重量。根据帝国饭店的预计总重量，他算出了地基所需的水泥柱数。筑墙所用的砖也经过他特别设计，厚度较常加倍。在各种数据准确的前提下，大厦动工了。

1920年，帝国饭店正式完工，莱特返美。3年之后，一次举世震骇的大地震突袭东京与横滨。莱特闻讯坐卧不宁，等待着关于帝国饭店的消息。一连数日毫无消息，到了某天凌晨3时，莱特的旅店寓所里电话铃声狂鸣。“喂！你是莱特吗？”听筒内传来一阵令人沮丧的声音，“我是洛杉矶《检验报》的记者。我们接到消息说帝国饭店已被地震毁了。”

数秒钟后，莱特坚强地回答道：“你若把这消息发出去，包你会声明更正。”

10天之后，小仓公爵发来了一通电报：“帝国饭店安然无恙，从此成为阁下天才纪念品。”帝国饭店在整个灾区中竟是唯一未受损害的建筑！

小仓公爵的贺电顷刻间传遍全球，莱特成了妇孺皆知的名流。

因为对自己的设计负责，莱特倾尽所能地保证了自己所设计的建筑的稳定和坚实，从而声名卓越。一个人能否有所成就，和他从事什么职业或在哪个领域工作并没有多大关系。我们可以选择忽略，也可以选择怀抱一颗责任心把事情做到最好，只有这样才能呈现“行行出状元”的状况。

想要成就卓越，其实也有捷径可循，关键在于意识到自己的责任是走向卓越的第一步。一个能够在关键时刻意识到自己责任的员工是不会推卸自己的责任的，他们也必将在承担责任的过程中更快地成长，在工作中做出更大的成就。

我们总说责任是如何重要，那么在一个公司内，责任究竟意味着什么？也许你认为自己心里很清楚，可是要说却说不出来。简而言之，一名优秀的员工应当承担的责任主要有以下几点。

1．忠诚于自己的企业和领导

任何时候，忠诚都是企业生存和发展必不可少的精神，这是企业的生命线。只有忠诚于自己的企业和领导的员工，才有权利享受企业给个人带来的一切。

2．维护企业的利益和形象

员工有责任维护企业的利益和形象。员工就是企业的代言人，员工的形象在某种程度上就代表了企业的形象。员工在任何时候都不能做有损企业利益和形象的事情。这也是一个员工最起码的责任。

3．认真做好本职工作

员工做好本职工作就是对企业最大的支持。因为所有的员工都努力做好本职工作，企业这艘大船才能行得更稳、行得更远。做好自己分内的工作就是员工为企业担当的责任。

4．严格遵守公司的制度

公司的制度是确保企业有效、健康运行的法则，如果法则遭到破坏，企业的发展就会受到影响。制度是企业的秩序和规范，不遵守制度就是扰乱公司的正常秩序。员工严格遵守公司制度，有利于公司的正常运行，这是责任。

5. 不断提升自己的业务能力和水平

员工能力和水平的高低是衡量一个企业的指标，也是企业发展的潜在动力。员工有责任不断提高自己的业务能力和水平，这是企业快速发展的一个保证。这项责任能够突出表现员工的能动性，员工能这么做，领导者一定会很欣慰。

责任无疆界，工作没有事不关己

在一个公司内部，工作是没有明显“疆界”的，所谓的分内、分外，不过是相对而言。大家一起工作的目标是一样的，只是分工不同罢了。优秀的员工总是竭尽所能地做好工作中每一件事，而不去计较是分外还是分内的事，不会把“不关我的事”挂在嘴上。

公司的管理总是要划分范围和层级的，公司的员工都有自己明确的工作和职责范围，你首先必须做好自己的本职工作，保证工作到位。同时，责任边界总是会有交叉的地方，同事之间、上下级之间在责任边界上会经常存在模糊地带。这个时候，往往需要自己积极主动，多承担一些责任，不能留有责任的空白区，这也是到位的基本要求。

责任的关键在于承担，在突发事件面前，在面临责任空白的时刻，能够勇敢向前，把是自己的或不是自己的责任承担下来。

2011年10月13日下午，小雨，在广东佛山黄岐广佛五金城，年仅2岁的女童小悦悦慢慢走在巷子里，在离家100多米的地方，被一辆面包车撞倒后两次碾压，几分钟后又被一辆小货车从其双腿处碾过。惨象之下，先后从小悦悦身旁经过的18名路人却无一施以援手，怕其牵连自己，可怜的小女孩躺在血泊中七八分钟。

最后，在附近捡垃圾的阿婆陈贤妹看到后就赶紧跑过去了，成了终于伸出援手的第19名路人。看到小悦悦倒在路边后，陈阿婆连忙叫周边的人帮忙，但是周边的人没有什么反应，她本来想把小孩子抱起来，但是小孩子的身体很软，只能将小悦悦半抱半扶到路边，并找到了其母亲。随后，小悦悦被送往黄岐医院重症监护室抢救。

面对社会上一些“难道不怕被讹钱”的质疑声的时候，陈贤妹说：“我当时什么都没想，唯一想到的就是救人。这种情况下生命最重要了。再加上平时我看到有人跌倒也会这样做的，从来不会有什么顾虑。我救了小悦悦，与帮助其他人一样，从来没有后悔过。”

“小悦悦事件”引起了全国范围的讨论，路人的冷漠更引人深思。缺乏责任心，使得前18名路人从旁边经过也视而不见，而在百米开外的陈阿婆却能在责任感的驱使下，主动前去救助小悦悦。

事情面前没有事不关己，只有负不负责。社会尚且如此，更何况是在一个企业当中。在很多时候，我们也许会接受一些看上去很风光的分外之事，如陪老板出席一个商谈会、替公司接受媒体的采访等，却对一些麻烦而卑微的分外之事置之不理。其实，这种心态是极其不正确的。

作为公司的员工，无论你充当什么角色，只要能把自己的岗位工作做到尽善尽美，尽可能积极主动地去维护公司的利益，这就是工作到位。

社会在发展，公司在扩展，个人的职责范围也会跟着扩大，所以不要总以“这不关我的事”为由推脱责任，要知道，抱着“不关我的事”这样想法的员工永远不会提高自己的工作效率，他们只会给公司带来时间以及金钱等资源的浪费，从而给公司带来巨大的损失。

分工协作往往是一些企业的痼疾，在分工中很多人只顾眼前却忽略岗位之间的合作。然而，这种现象却在海底捞公司内部很少出现。

海底捞从做员工餐起步而获得快速提升，担任北京小区经理的谢英，当她负责做员工餐的时候，在做完本职工作后，每天至少还主动帮忙做三四项工作，比如帮助厨师切菜、帮着洗漏勺、帮服务员发毛巾等。总之，凡是她能做的，都帮着做。

并没有领导要求谢英一定要这样做。谢英这样做了之后，也没有立竿见影地得到个人好处。但她却主动这样做。因为“分工”并没有僵化地约束住她的思想与手脚。在她看来，当其他岗位出现人手短缺时，“补台”是她分内的事情。海底捞是一个大家庭，当你兄弟姐妹忙不过来时，难道你不会伸出援手？难道你会斤斤计较利弊得失？

所以，你在海底捞会看见：当客人需要加啤酒时，旁边正好没有服务员，路过的保洁员立即二话不说，放下手中的工具，先充当起服务员，第一时间满足顾客的需求；当餐桌上摆满了客人餐后的残局，服务员忙不过来打扫时，后厨的人会暂时放下本职工作，转而帮着收拾餐桌，以便下一桌客人能够尽快入座。

一句“不关我的事”可能会使公司失去一次赢利的机会。其实，“不关我的事”这种想法不仅会给企业造成损失，同时，也会造成员工消极怠工，工作效率下降，这些都会给公司带来巨大的损失。只有在工作中积极主动的员工，才能拥有美好的前景，因为在自己取得进步的同时，也给公司带来了利益。

作为公司里的一名职员，事关公司的事务，我们都不要以“不关我的事”为借口来推卸责任，置身事外，应该抱着“公司的事就是自己的事”的积极态度，为公司的发展着想。在日常工作中要按照以下要求来做：

1. 不管是不是自己分内的事情，我们都要用心去做，认真对待自己经手的每一件事情。

2. 以积极的热情和全心全意的努力对待公司中的种种事务，那么你的事业、你的精神就会在公司中得到最大的进步。只要你的行为和态度切实推动了公司的成长，那么公司就一定会给予你相应的回报。

第4章 负责的人总以“结果”为导向

生命跟时代的崇高责任联系在一起就会永垂不朽。

——车尔尼雪夫斯基

锁定责任与过程，会带来好的结果

事实上，在企业组织的“业务流程”之外，企业组织里还隐藏着另外一种流程，那就是“责任流程”。业务流程发生在组织结构角度的岗位与岗位之间，而责任流程则发生在人际关系角度的人与人之间。

优秀的员工在工作的过程中，始终将责任心贯穿其中，以确保完成既定目标，达到良好的效果。他们关注结果，并想尽一切办法去获得结果，将责任根植于内心，让它成为脑海中一种强烈的意识。在日常行动和工作中，这种责任意识会让他们在落实工作时表现得更加突出，并取得卓越的成就。

在著名的麦氏饭店，每个员工都要为自己的工作高度负责。麦氏饭店是美国一家以经营牛肉饼为主的快餐公司，他们把员工分为一线人员、实习助理、二级助理、一级助理、参观经理、巡视员、大区顾问、总部经理八个层次，以保证每件事情都有人负责。

不用说，一线人员负责的是各个工种的操作，包括采购、配料、烹制、收银等。若在其岗位上出现了漏洞，他们将要自动负起主要责任。

实习助理通常由刚进公司的有学历的年轻人担当。在半年的实习期内，他们要到公司各个基层岗位工作，如采购、配料、收款等。他们必须保证一线岗位的清洁和周到服务，有任何问题将直接由他们负责。

二级助理要承担的是一部分管理工作，如订货、计划、排班、统计等环节。在这个范围内，所有事务也直接由他们负责。二级助理肩负更多、更重要的责任，他们每个人都必须在餐厅中独当一面。出现任何决策上的失误，他们将负直接责任。

参观经理首先要在公司总部接受全面的、系统的为期20天的培训，然后将全面负责某一家餐厅的所有事务。从参观经理晋升为巡视员后，将负责同一城市5～6家餐厅之间的协调沟通，以及上级信息的传达和决策的执行。

大区顾问是公司派驻某一地区下属15家左右餐厅的代表。作为公司15家左右餐厅的顾问，他的责任更重大，其主要职责是保持总部与各个餐厅之间信息交流畅通。同时，地区顾问还肩负着诸如组织培训、提供建议、制定企业标准之类的重要使命，成为总公司在这一地区的全权代表。

总部经理的职责不用过多介绍，他自然是负责集团总部各项决策的制定和修改，把握整个连锁经营的方向。如若出现决策失误，那么他也将负最大责任。

麦氏饭店的这种责任管理体制锁定了每位员工的责任，保证了责任在过程中的实行，也保证了良好的工作效果。在麦氏饭店，多数员工表现十分出色，这家公司也一直在美国享有美誉。

作为一名员工，工作就意味着结果和责任，因为你必须用结果来证明自己的价值。结果怎样，与其他人无关，只取决于你是不是真正地对企业、对自己负责！明确自己的责任——老板是这么要求的，同样你也应该这样要求自己。要想成为一名不可替代的员工，就要明白一个基本的道理，那就是对结果负责。对老板负责是必需的，但更重要的是要对结果负责，对自己负责。

锁定自己的责任，才能锁定工作结果。没有责任感，对工作只是敷衍；有了责任感，才能尽心工作，才会有结果，才会出成绩。

一个锁定责任的人，往往具备以下三个特征。

1. 具备一种主动承担责任的精神。

2. 一个拥有责任感的人，会为他所承担的事情付出心血、付出劳动、付出代价，他会为达到一个尽善尽美的目标尽自己的最大努力。

3. 对工作善始善终。当事情出现危机时，还不放弃责任的人，才是真正具有责任感的人；当情况于己不利，还勇于为事情的结果付出代价的人，才是真正无可替代的人。

锁定责任是为自己的承诺负责，为自己的行为负责的一种踏踏实实的工作精神。锁定责任，你将会看到结果的美好。如果你想成为卓越的人才，如果你想要成功，那么最关键的问题就是："你是否对结果真正负责？"亨利·沃德·毕察说："决定一次航行是否成功，不是离港起航，而是归航入港。"

所以无论从事什么工作，锁定你的责任吧！我们应该秉承这样的责任观：无论发生什么问题，都要达到预期的结果！

责任领跑业绩，避免结果瞎折腾

身在职场中，做事情不可盲目，要有明确的责任方向，才能确保做出业绩。"瞎折腾"是虚耗资源的行为。做事贵在专注，而空折腾、乱折腾、瞎折腾都不会取得理想的效果。

在工作中，我们既要懂得分工合作，服从大局，与企业同呼吸、共命运；还要树立责任目标，确定方向，踏实工作，忙就要忙在点子上，用自己优秀的业绩来说话。

第二国际时期，有句非常著名的修正主义言论，那就是“运动就是一切，目的是没有的”，用时下的逻辑套用一下，也就是“折腾就是一切，方向是没有的”。无数事实证明，没有责任方向的行动最终只能是“瞎折腾”。

比塞尔是西撒哈拉沙漠中的一颗明珠，每年有数以万计的旅游者来到这儿。可是在肯·莱文发现它之前，这里只是一个封闭而落后的地方。这儿的人没有一个走出过大漠，据说不是他们不愿离开这块贫瘠的土地，而是尝试过很多次都没有走出去。

肯·莱文当然不相信种说法。他用手语向这儿的人问原因，结果每个人的回答都一样：从这儿无论向哪个方向走，最后还转回到出发的地方，为了证实这种说法，他做了一次试验，从比塞尔村向北走，结果三天半就走了出来。

比塞尔人为什么走不出来呢？肯·莱文非常纳闷，最后他只得雇一个比塞尔人，让他为自己带路，以探究竟。他们带了半个月的水，牵了两峰骆驼，肯·莱文收起指南针等现代设备，只拄一根木棍跟在后面。

10天过去了，他们走了大约八百英里的路程，第11天的早晨，他们果然又回到了比塞尔。这一次，肯·莱文终于明白了，比塞尔人之所以走不出大漠，是因为他们根本就不认识北斗星。在一望无际的沙漠里，一个人如果凭着感觉往前走，他会走出许多大小不一的圆圈，最后的足迹十有八九是一把卷尺的形状。比塞尔村处在浩瀚的沙漠中间，方圆上千公里没有一点参照物，若不认识北斗星又没有指南针，想走出沙漠，确实是不可能的。

肯·莱文在离开比塞尔时，带了一位叫阿古特尔的青年，就是上次和他合作的人。他告诉这位汉子，只要你白天休息，夜晚朝着北面那颗星走，就能走出沙漠。阿古特尔照着去做了，三天之后果然来到了大漠的边缘。

方向也是一个人前进道路上的“北斗星”。一个人如果没有前进的方向，就会如同原来的比塞尔居民一样，永远在通往沙漠外的路上折腾，永远也走不出沙漠。没有明确的方向，只能在原地“折腾”，离目标越远，永远也开创不了新天地。

潘石屹的SOHO中国有限公司没有什么条条框框的管理制度，但它却是一个高效率的公司，它没有多少中间环节，只以解决问题为最终目的。如果说规章制度是为保证完成工作而制定的话，那么，潘石屹认为，工作任务就是这个公司的规章制度。公司从上到下就一句话：我只要结果。

企业评价一个员工，主要是看员工能否给企业创造价值，创造多少价值。

联想集团有一个很有名的理念：“不重过程重结果，不重苦劳重功劳。”这是写在《联想文化手册》上的核心理念之一，这一理念突出表达了目标与结果的重要。利润是所有企业得以发展的原动力，公司是一个以实现经济利益为主要目标的经营实体，必须凭借足够稳固的利润去不断壮大发展。而要发展就需要公司所有员工能够扛起业绩责任，积极主动地把自己的全部力量和才智贡献出来，为公司出谋划策，并贯彻实行。

雅虎首席执行官玛丽莎·梅耶尔（Marissa Mayer）自推出免费午餐和智能手机的政策后，开始推行有关员工的严厉措施。

消息称，梅耶尔已经正式取消硅谷互联网巨头的长期政策，即取消大部分员工圣诞节和新年之间的一周休假。取消一周假期可能在今后很长一段时间都会在雅虎实行，而且公司的许多人员都认为这一假期该取消。“雅虎有很多工作要做，所以没有时间休息。”一名雅虎员工说。此举除了迫使员工在本季度休完一周的假外，还可以在来年减少一周的成本，从而也能减少公司运营成本。

雅虎在人事考核方面面临更大的挑战，人力资源部门还准备实行新的员工绩效评价方案。雅虎将基于各种基准指标和评估，进行新的绩效衡量，以便更好地了解谁是最佳员工。一旦完成，该公司可能开始对业绩最差的20%员工减薪，甚至辞退。

梅耶尔的目标是令流程更具条理性。她曾于一次公司会议中指出，员工的业绩将取决于“4C”——文化、公司目标、校正和薪酬。

如果一个员工缺乏责任，只是在工作当中“瞎折腾”，那么他势必在企业中没有什么好结果。通过上任后的制度规范，梅耶尔力图确保雅虎在职员工的工作责任能够落实到位，以达到重整雅虎士气和改善疲软业绩的目的。

在现在忙碌的环境中，每个人的生活节奏都很快，似乎谁都在忙着“折腾”。殊不知，一味地“瞎折腾”并不能带来业绩结果，时间一长，个人的价值就显现出来，有的成了百万富翁、亿万富翁，有的还在温饱线上挣扎。产生这种差别的原因在于做事是否有方向性。

那么我们怎样才能有一个比较明确的责任方向呢？

1．一个主动的人应该尽早为自己制定努力的方向，为自己的未来规划航向，只有这样，才能在工作中避免“瞎折腾”。

2．参照别人，比对自己，给自己一个合适的定位。不管是工作还是职业生涯，都应该三思而后行，这样才能找到属于自己的方向。

一流的责任心，创造一流的业绩

在这个以业绩为主要竞争力的时代，没有能力改善公司业绩，或者不能出色地完成本职工作的员工，是没有资格要求企业给予回馈的，因为这种人恰好是公司打算“去掉”的人选。

可见业绩已经成了检验员工的一个标准，因此我们也可以将责任拿到业绩的天平上来检测，一个认真负责的人，他的业绩也将是很突出的，他的认真负责会为公司创造更多的利润和价值。

作为国内最早的一批专业家居陈设设计师，张雯的发展可谓顺风顺水。对家居陈设（软装）设计专业的了解，让她成为公司年轻设计师里的翘楚，最开始在公司展开软装项目工作，一手组建软装部门，通过资源整合和团队协调，现在她所在的设计项目中心已经成为公司业绩排行中的最强者，并且一直遥遥领先。

多次获得公司设计项目业绩嘉奖的她，一直在家居陈设（软装）设计项目中很关注每个月公司上百个别墅项目的同时运行，这样的工作状态，她一直坚持了三年多，每天在高强度的设计工作中，自身能力不断获得提升，同时更推进了公司整体业绩的飞速前进。在不断突破中，她创造了500万元个人业绩，刷新了家居软装行业纪录。

IDDF大奖的角逐中，她交出了满分的考卷，对于自己能拿IDDF陈列设计金奖最高奖项，她感觉太出乎意料了。原本以为自己会拿杰出家居陈设设计师奖，当念完所有这个奖项的获奖者之后，本以为自己与今年所有奖项无缘了，没想到拿了金奖。张雯表示一定会继续努力，乘金奖之风，直奔1000万元项目大单。

不管你从事什么行业，不管你有什么样的技能，也不管你目前的工资多丰厚、职位多高，你仍然应该告诉自己：“不断刷新我的业绩，我的位置应在更高处。”和自己的同事相比，张雯的工作业绩明显更胜一筹，之所以存在差异，关键就在于责任心的差别。没有高度的责任心是不可能创造出如此大的绩效的，张雯正是用自己的责任心保证了企业的绩效。

有人说，责任看不见，摸不着，就是对工作尽职尽责也没人看得到。其实他们错了，责任可以通过各种各样的形式表现出来的，绩效就是其中的一种，可以说“绩效是看得见的责任”。

工作，凭的是业绩，是实力。要想成为职场中的佼佼者，要想超越其他人，那么，就要毫不懈怠、竭尽全力地把你那一行钻研透彻。事实表明，品格优秀，又业绩斐然的员工，是最令老板倾心的员工。如果你在工作的每一阶段，总能找出更有效率、更经济的办事方法，就能提升自己在老板心目中的地位。

一次，一位中年妇女走进乔·吉拉德的展销室，说她想在这儿看看车，打发一会儿时间。闲谈中，她告诉乔·吉拉德她想买一辆白色的福特车，就像她表姐开的那辆，但对面福特车行的推销员让她一小时后再去，所以她就先来这儿看看。她还说这是她送给自己的生日礼物：“今天是我55岁生日。”

“生日快乐！夫人。”乔·吉拉德一边说，一边请她进来随便看看，接着出去交代了一下，然后回来对她说，“夫人，您喜欢白色车，既然您现在有时间，我给您介绍一下我们的双门式轿车，也是白色的。”他们正谈着，女秘书走了进来，递给乔·吉拉德一束玫瑰花。乔·吉拉德把花送给那位妇女，“祝您生日快乐！”

显然她很受感动，眼眶都湿了。“已经很久没有人给我送礼物了。”她说，“刚才那位福特推销员一定是看我开了部旧车，以为我买不起新车，我刚要看车他却说要去收一笔款，于是我就上这儿来等他。其实我只是想要一辆白色车而已，只不过表姐的车是福特，所以我也想买福特。现在想想，不买福特也可以。”

最后她在乔·吉拉德这儿买走了一辆雪佛兰，并写了一张全额支票，其实从头到尾乔·吉拉德都没有劝她放弃福特而买雪佛兰。只是因为她在这里感受到重视，于是放弃了原来的打算，转而选择乔·吉拉德的产品。

因为优质的服务，乔·吉拉德获得了一大批稳定的顾客。即便经济不景气使得美国汽车销售量下滑，他也能在逆势中保持一年卖出1400多辆车的高纪录。乔·吉拉德从事推销工作，享受每一次成交所带来的快感与金钱奖赏，他的工资一度比自己的老板都高。

对顾客负责，使得乔·吉拉德不只是一心只想卖车，而是站在顾客的角度考虑，通过细致的服务获得了那位中年妇女的信赖，获得其他顾客的支持，从而在自己的工作岗位上创造了一流的业绩。成就了他美国第一销售员的地位，他也因为个人的良好服务获得很高的工资报酬。

责任与绩效之间存在着一种正比例关系。当一方提高时，另一方也随之提高；反之，当一方下降时，另一方也随之下降。所以，在一个企业中，要提高工作绩效，首先要提高员工的责任意识。“责任保证绩效”，著名管理大师德鲁克这么认为。很多企业的管理者也都从这句话里悟出了提高绩效的根本所在。

绩效是检验责任心的标准，能带来业绩的员工是公司最宝贵的财产。一个员工要想获得长期发展，就要意识到自己的责任，并通过行动将责任转化为业绩，在自己的工作范围内把该做的都做好。明确自己的责任，认真对待责任，这是提高工作绩效的前提。

责任零缺陷，没有最好只有更好

对于企业而言，员工的思维方式通常在很大程度上决定着生产作业的状况。如果你承认“反正做事情总会出差错”这种缺乏责任的观念，那么问题一定会出现。质量管理大师克劳斯说：“如果你将良品率预定为85%，那便是表示容许15%的错误存在。”这样，你肯定不能提高产品的质量。

在工作中，我们应该具有“零缺陷”的思想，培养“零缺陷”的工作态度；形成“第一次就把工作做对”的意识；用责任心奠定“零缺陷工作”的基础，做好每个细节，追求精益求精，用责任打造高效益组织。

开展设备“零缺陷”管理活动后，中石油镇海炼化炼油三部对每台设备全面检查并进行风险评估，将设备按风险值分A、B、C三类，A类设备每月检查一次，B类设备每周检查一次，C类设备每天检查一次；同时确定“最差十台静设备”、“最差十台动设备”，对其进行专项治理和维护。

以前，该部岗位职工在设备月承包检查中，对发现的问题都记录在全员设备月承包检查卡中，定期集中上交给运行部的设备技术员。这样既不方便核实、考核，有时还会延误问题的处理。2012年，企业要求各班组实行网上登记，进行设备“零缺陷”电子化管理。

设备“零缺陷”管理中，班组职工精细巡检，精心维护，确保对装置现场的设备实行24小时不间断受控管理，使装置现场设备的缺陷和隐患得到及时有效的处理，进一步提高了设备的可靠性和装置的运行水平。在部门内形成了“人人关心设备、台台设备得到关心”的局面，2012年1至9月份及时发现并避免事故35起。

中石油镇海炼化炼油三部树立了无论对工作中多小的事都认真负责的“零缺陷文化”。任何一件事情，无论它有多么艰难，只要你认真去做，全力以赴去做，就能够做到。一个人比较成功，一定是他比较认真。假如一个人还没有成功，那他一定还不够认真。

工作中永远没有最好的时候。无论客户、上司还是老板，真正存心挑剔的时候并不多，他们提出的要求，都是迫于某种需要。客户担心产品出问题；上司怕工作质量影响业绩；老板则更是迫于市场的巨大压力才严格要求，因为他从来都无法对市场说：“我已经做得够好了，你降低要求吧！”市场是无情的，有时可能只比竞争对手稍逊一点点，就可能被淘汰出局。

责任可以保证完美无缺的结果，可以制造零缺陷的产品，在竞争日趋激烈的市场大潮中，产品质量关系着企业的存亡和兴衰。

蒸发器插上排气管，打开焊枪，烈焰喷向焊点，6秒钟后整个焊接过程完毕，王秀伟工作起来像一部钟表一样，精确而且到位，每天像这样的动作她要重复几千次，每年这样的动作她要重复近百万次。

二十多年来，王秀伟在这外人看来近乎机械、枯燥的工作中，始终保持着热情，同时也保持着焊接“零缺陷”的纪录。

1988年，澳柯玛的前身黄海冰柜厂建成，王秀伟又成为冰柜厂的第一批工人。刚建厂那会儿，技术工人缺乏，公司决定选派职工到青岛学习焊接技术。“那个时候条件不如现在好，我们是代表公司去学习的，没有人觉得条件艰苦，我们只担心学不好让人家笑话”，王秀伟告诉记者。

学成归来，她在焊接岗位上，苦练技术，一干就是二十四年。跟她一起学习的十几名同事都陆续调职转岗了，只剩下王秀伟和她的搭档杨淑芳两名焊工了，她们是这个厂内最小的班组，被同事们戏称为“两个火枪手”，她们要承担整个工厂冰柜的蒸发器的焊接工作，王秀伟每天的工作量为完成焊接2000多个蒸发器，到了生产旺季她们每天的工作总量要超过6000个蒸发器，每年承担工作总量接近百万个，王秀伟能做到千万次焊接不出差错，这几乎是一个“奇迹”。

成功总是习惯和努力的人打交道，这位澳柯玛股份有限公司家电事业部的焊接工最终获得了青岛市“十佳女职工建功立业标兵”称号。

产品质量是企业的生命线，或许我们工作中一个不经意的缺陷疏忽，就会为企业带来致命的打击，因此，无论在什么岗位上，我们都应当努力对自己的工作认真地负起责任，不放过每个可能在工作中出现的错误。让我们用“零缺陷”的思维去打造完美的业绩。

仅仅完成工作中规定的任务，并不能保证你成为一名出色的员工，如果你想要别人注意到你的努力，你就应当在工作中不断提升自己的责任标准，将自己的工作做到令人惊叹，创造出零缺陷的工作结果才行。

在工作中，如果你完成的每一项工作都达到了老板的要求，那么很好，你可以称得上是一名称职的员工，你不会失业，或许还可以得到晋升，但你永远无法给老板留下深刻的印象，也无法在公司中达到你事业的顶峰。只有把工作做到近乎完美，超过老板对你的期望，你才能让他的眼睛一亮，才能让他在遇到一些高难度工作的时候想起你，给你一个锻炼的机会。

任何一个想在职场中出人头地的人，在工作时不仅仅是做事儿，更要做成事儿，做好每一件事。这样一来，我们会自觉地坚持用责任心确保工作“零缺陷”的原则。只有奉行这种原则的员工才能在挑战中更快地成长。

守住责任目标，走出“忙”目怪圈

记得有一首歌的歌词中这样写道：“忙，忙，忙，忙得没有了方向，忙得没有了主张……”当我们在困惑、沮丧、迷茫的时候，是否问过自己这样一个问题，那就是你是否在随波逐流、浮躁的社会热潮中找准了你的航线。

其实，瞎忙就像一个放入一条轨道中身不由己的物件，一个被抽打而转动的陀螺，在忙碌中缺乏责任感的束缚，因而陷入了一种不清楚自己在干些什么的状态。没有明确的责任目标方向，就像无头苍蝇；忙不到点子上，总在做无用功。

无论是工作还是生活，我们可以“忙”却不能“盲”。人能够忙碌一些是好的，但人生却不能瞎忙。如果在缺乏责任目标的工作中瞎忙，整天忙得一塌糊涂，浑浑噩噩，这时候，我们就要审视自己：是不是只顾着低头拉车，没有抬头看路。

由于公司刚刚搬到新的办公地点，林奇要在办公室里挂一幅字画，便叫同事帮忙。同事来看了看说：直接在墙上钉钉子不好，先钉两个木块，把字画挂在上面。林奇听从了同事的建议，就让他去找锯子锯木块。刚锯了两三下，同事说：“不行，这锯子太钝，得磨一下。”

于是同事丢下锯子去找锉刀。锉刀拿来后，他又发现锉刀的柄坏了。为了给锉刀换一个木头手柄，同事就拿起斧头去树林里找小树。就在要砍树时，他发现那把生满铁锈的斧头实在不好用，必须得磨一下。

同事将磨刀石找来后又发现，要磨快那把斧头，必须得用木条把磨刀石固定起来。为此，他又出去找木匠，想从他那里找一些木条。

然而，他这一走，林奇就再也没见他回来。最后，那幅字画还是直接钉在了墙上。

林奇再见到这位同事是在第二天，他正帮木匠从五金商店里往外搬一台笨重的电锯。

看来，林奇的同事就是没有抓住问题的核心，不就是需要两个木块吗？直接找木匠要两块不就行了吗？他却孜孜不倦地忙活了一大圈，最后问题依然没有解决。乍一看，似乎他也做了不少准备工作，比如找锉刀、磨斧子等，但这些工作现在看来都是无效的。

作为一名员工，如果无法分清什么工作是有效的、什么工作是无效的，那么他将会像故事中所讲的林奇的同事一样，忙忙碌碌，最终却是什么事也没干成。

每天为了自己的目标像林奇的同事那样忙碌奔波的时候，或许有人有过这样深深的困惑：为什么如此忙碌，终点却仍然那么模糊而又遥远？也可能有人有过这样的沮丧心情：我是否缺乏成功的天赋？还是我总是那么时运不济？还可能有人曾有过这样迷茫的处境：我现在坚持的是自己最初的梦想吗？

忙本身没有错，但是有时候盲目地忙碌正是一种缺乏责任心的表现，天长日久盲目地忙，不仅自己忙晕了头，而且连心也茫然了，所以最后陷入越忙越盲的怪圈也就不足为怪了。主动工作，追求高效能人士要为效率而“忙”，而不是像无头苍蝇一样四处打转，越忙越“盲”，把工作搞得一团糟。

中国台湾“经营之神”王永庆，早年因家贫读不起书，只好去做买卖。1932年，16岁的王永庆在台湾嘉义开了一家米店，当时仅有200元资金的王永庆，只能在一条偏僻的巷子里承租一个小的铺面。在当时，小小的嘉义已有米店近三十家，竞争非常激烈。王永庆的米店因规模小、资金少，没法做大宗买卖，也比不上那些兼作零售的老字号米行。新开张的那段日子里，米店生意十分冷清。

怎样才能打开销路呢？王永庆感觉到要想让米店在市场上立足，自己就必须有一些别人没有做到或做不到的优势才行。

经过一番考察和思索，他决定在提高米的质量和服务上下工夫，形成自己的优势。

由于当时技术落后，手工生产的大米经常有沙砾之类的杂物，大家也习以为常。王永庆却从这一司空见惯的现象中找到了突破口。他带领两个弟弟一齐动手，不怕麻烦，一点点地将夹杂在米里的杂物拣出来。虽然为自己增加了工作量，每天忙碌不已，但王永庆卖的米因为质量好，深受顾客好评，米店的生意很快红火起来。

为自己寻找忙碌却不盲目，坚守自己对米店的经营责任，本着对顾客负责的原则，王永庆不辞辛劳将大米弄得干干净净，也在忙碌中为自己的米店营造了新的竞争优势，

职场中，我们要守住目标，才能走出越忙越“盲”的怪圈，而主动工作就是实现目标的途径之一。当完成一个个发现问题、分析问题、解决问题的过程之后，晋升之门将为你敞开。

在工作中，我们需要有一种心理准备，及时调整自己的责任目标和计划。那么，调整责任目标要遵循哪些步骤呢？

第一步：修正计划，而不是修正责任目标。如果更改目标已成为习惯，那么这种习惯很可能会让你一事无成。大目标一旦确定，不可轻易更改，尤其是“终端责任目标”。可以修正的是达到责任目标的计划，包括达到“终端责任目标”之前的各个“路标”——过程责任目标。记住英国人的一句谚语：目标刻在水泥上，计划写在沙滩上。

第二步：修正时限。如果修正计划还无法达到责任目标，可以退而求其次，修正责任目标达成的时间。一天不行，用两天；

一年不行，花两年。坚持到底，永不放弃，终将成功。

第三步：修正责任目标的量。如果修正责任目标的时限还不行，只能对责任目标的量进行修正。做这一决定时，请“三思而行”，并千万告诫自己，不要轻易压缩梦想以适应残酷的现实。应有的思维模式应是：不惜一切努力，找寻新的方法以改变现实，达到责任目标。

第四步：万不得已时，只好放弃该责任目标。放弃本身就是一个残酷的现实，你不得不宣告失败。对于成功者而言，这个世界根本就没有失败，只是暂时还没有成功。只要你不服输，失败就绝不会是定局。这种修改、调整责任目标的目的，仍是为了实现责任目标，取得成功。

责任目标是一种方向，需要你及时地调整。最好的责任目标是适合自己。如果你以相当的精力长期从事一种职业，但仍旧看不到一点进步、一点成功的希望，那么你就应该反思一下：从自己的兴趣、目标、能力来说，自己究竟是否走错了路？如果走错了路，就应该放弃无谓的固执，及早调整适合自己发展的职业道路。

第5章 勤奋实干，用行动塑造责任

高尚、伟大的代价就是责任。

——温斯顿·丘吉尔

没有落实到位，一切责任是空谈

没有落实的责任就是无效责任。无论责任或大或小，只要没有落实到位，一切都是空谈。

责任没有能够及时落实到位，大致有两种原因，一是责任心缺失而不去落实责任；二是没有找到自己要落实的根本责任，工作做了不少却没有抓住要点，自然也是无效的责任。

2011年8月，小米发布了世界上首款1.5GHz的智能手机，采用的是Android OS v2.3+MIUI的操作系统，售价1999元。时隔一年之后，小米2代新鲜出炉，配置超前，价钱“抄底”，小米手机超高性价比继续领跑中国手机业。

从小米1代初期的高投诉率到此后用户的一些反馈，小米的手机质量不是太令人满意。由于代工厂加工的产品质量不如预期的好，雷军在代工厂的选择上也更加慎重。小米2代零售版上市改进多达70多项，并且里面包含了多项硬件改进。

小米2代和小米1代相比，有了明显改进，就连最后开卖的小米2代零售版和工程版相比，也优越了不少。在小米2代工程机上，问题出现最多的莫过于电池。电池在电池仓中松动、电池不好插拔、电池模具质量较差等问题可能是小米2代工程机遇到的第一批问题，面世之后的小米2代零售机显然已经把电池问题解决了。

雷军在接受采访时说，“小米不是一个完美的公司，是一家快速成长的公司，有很多的不足。所以小米给粉丝的态度就是，我们意识到错误，意识到不足后，我们改善的速度非常快。”

迅速地执行落实，使得小米手机团队在紧迫的时间面前占领先机。口号可以轻易喊出来，责任落实却容不得半点松懈，只有落实到位，才能保证最后的目标结果。戴尔曾把其直销模式写成书，广为传播，不少企业争相模仿，但是没有一家企业能够超过戴尔集团，原因只有一个，它们缺乏对这一模式的落实力！

在职场中，开会对我们而言再熟悉不过。开会似乎已经成为了工作中不可缺少的一部分，人们习惯于无论遇到什么问题，都要开会讨论、研究。然而，我们又不得不承认，绝大部分的会议没有起到它应有的作用。

我们常常遇到这样的情况：开会的决议本应很好地促进工作的开展，却在实际工作中并不见成效。究其原因，是我们没有将会议的内容予以落实。如果只是开会，而没有落实，那么，一切都等于零。开会只是落实责任的一种手段，但是绝不能为开会而开会，只有把责任真正落实的人才是一个负责的人，才能说自己对企业负了责任，没有落实的责任就是无效责任，等于不负责任。

进入中国市场至今已有19个年头了，作为中国日化行业的领军者，宝洁从来都是社会关注的焦点，特别是宝洁的销售渠道变革之路更是在业内引起了不小的轰动，这一次宝洁把自己又推向了风口浪尖。

为了适应市场的发展，宝洁公司曾经把中国的销售渠道做了巨大的调整：取消销售部，代之以客户生意发展部（CBD）；打破四个大区的运作组织结构，改为按照渠道建立的销售组织；提出了全新的分销覆盖服务的概念，全国的分销商数目由原来的300多个减少到100多个。

然而，并不是所有的分销商都接受销售渠道新政，有的分销商拒绝去异地开办分公司，在当地的销售也不那么积极了，宝洁的产品在很多局部地区市场出现空白。分销商的铺货、陈列等工作也变得马马虎虎起来，宝洁的销售渠道新政在落实时已经严重变形，无法将产品在规定区域内有效地分销，产品不能有效地渗透到应该到达的受众和终端。

分销商对销售渠道政策理解和落实的不到位、不配合，使销售渠道运作偏离了原来设定的轨迹，宝洁公司当年应收账款迅速上升，呆死账近亿元，利润也迅速下降。

其实，像宝洁这种销售渠道政策变形的现象非常普遍，如总部制定的政策区域不落实、中间商不配合厂家的政策、零售商不配合厂家的政策等。它所引起的渠道管理问题也比比皆是：总部与区域之间的矛盾，决策层与落实层之间的矛盾，渠道管理人员与一线业务人员之间的矛盾等。这些矛盾的产生，使得宝洁公司的业绩任务无法落实。

甚至连中国的优秀企业联想集团，也经常面临落实力的难题。很早以前，联想实施ERP改造时，由于业务部门不积极落实，使流程设计的优化根本无法深入，最后柳传志不得不施以铁腕手段，才让ERP计划得以落实到位。

这个社会上的大多数成功者，他们之所以成功，不是因为他们有多少新奇的想法，而是因为他们自觉不自觉地进行着一项最有效的活动——落实，他们都有一个最大的特点，即无条件落实自己的责任！

在企业中，落实责任至关重要。责任就意味着落实，作为企业的一员，我们每一个人都应该消灭无效责任，以最高的水准去落实身上的责任，以最好的成绩交出自己的落实成果。

设定期限，把责任落实在昨天

人的本性是放纵、散漫的，常常表现为在对目标的坚持、时间的控制等方面做得不到位，事情不能按时完成。任何事情如果没有时间限定，就如同开了一张空头支票，自己会不由自主地把它无限期拖延下去。只有懂得用时间给自己施加压力，才能按时完成。

当天不把工作任务清掉，必然积累起来，积累就会拖延，拖延必然会导致堕落、颓废。所以在工作中，我们应当为每件任务设定“最后期限”。

对于一名追求高效能的员工来说，一定要制定自己每日的工作时间进度表，把每件事情都记下来，分清轻重缓急，定下最后完成期限。这样做了以后，每天都有明确的目标，只要你努力执行，就一定会出结果，日清日新。

在这方面，海尔公司“日日清”的目标管理实践十分值得我们学习。

海尔在实践中，建立起了一个每人每天对自己所从事的工作进行清理、检查的“日日清”控制系统。案头文件，急办的、缓办的、一般性材料的摆放，都是有条有理、井然有序；临下班的时候，椅子都放得整整齐齐的。

海尔的“日日清”系统包括两个方面：一是“日事日毕”，即对当天发生的各种问题（异常现象），在当天弄清原因，分清责任，及时采取措施进行处理，防止问题积累，保证目标得以实现，如工人使用的“3E”卡，就是用来记录每个人每天对每件事的日清过程和结果的；二是“日清日高”，即对工作中的薄弱环节不断改善、不断提高，要求职工“坚持每天提高1%”，坚持70天，工作水平就可以提高一倍。

对海尔的客服人员来说，客户对任何员工提出的任何要求，无论是大事，还是“鸡毛蒜皮”的小事，工作责任人都必须在客户提出要求的当天给予答复，与客户就工作细节协商一致，然后毫不走样地按照协商的具体结果办理，办好后必须及时反馈给客户。如果遇到客户抱怨、投诉时，需要在第一时间加以解决，自己不能解决时要及时汇报。

“此生待明日，万事成蹉跎”，海尔在企业中所强调的日事日清的工作方法，督促员工把责任工作落实在当天，避免了员工的拖拉懈怠，在无形之中也大大提高了企业的办事效率。

工作高效的员工给自己设定的最佳工作完成期限永远是昨天。比尔·盖茨说过这样的话：“过去，只有适者能够生存；今天，只有最快处理完事务的人能够生存。”

只有做事高效的人才能挤出时间来完成更多的事，这也是帕金森定律所揭示的内容之一。帕金森定律认为，低效的工作会占满所有的时间。也就是说，不要把工作战线拉得太长，而是尽快完成各项任务——当然，必须保证工作完成的质量。

如果不这样做，你对待那些困难的或轻松的工作就会产生惰性，因为没有期限或者由于期限较长，你认为可以以后再说。如果你只是从工作而不是从可用的时间上去想，你就会陷入一种过度追求完美的危境之中。你会巨细不分，且安慰自己已经把某项（实际上是次要的）工作做得很完美，这样做的结果只能使主要的目标落空。

毕尔先生每个月的收入是1000美元，但是每个月的开销也要1000美元，收支刚好相抵。夫妇俩都很想储蓄，但是往往会找些理由使他们无法开始。他们说了好几年：“加薪以后马上开始存钱”、“分期付款还清以后就要……”、“渡过这次难关以后就要……”、“下个月就要……”、“明年就要开始存钱。”

最后还是他太太珍妮不想再拖，她对毕尔说：“你好好想想看，到底要不要存钱？”他说：“当然要啊！但是现在省不下来呀！”

珍妮这一次下定决心了。她接着说：“我们想要存钱已经想了好几年，由于一直认为省不下，才一直没有储蓄，从现在开始要认为我们可以储蓄。我今天看到一个广告说，如果每个月存100元，15年以后有18000元，外加6600元的利息。广告又说：'先存钱，再花钱'比'先花钱，再存钱'容易得多。如果你真想储蓄，就把薪水的10%存起来，不可移作他用。我们说不定要靠饼干和牛奶过到月底，只要我们真的那么执行，一定可以办到。"

他们为了存钱，最初几个月当然吃尽了苦头，尽量节省，才留出这笔预算。现在他们觉得"存钱跟花钱一样好玩"。

像毕尔先生这样即便是存钱也要一拖再拖，把希望的完成期限按照自己的计划往后拖延。如果不是妻子珍妮的提醒，他们可能还是以前那种收支相抵的生活状态。

一名高效能人士，在任何时候，都不会自作聪明地设计时间期限，相反，高效能人士都会牢记工作期限，并清楚最理想的任务完成期限是昨天。这一看似荒谬的要求，是保持恒久竞争力不可缺少的因素，也是唯一不会过时的东西。

瑞士著名教育家裴斯泰洛齐说："今天应做的事没有做，明天再早也是耽误了。"也许对于个人来说，一天的时间算不了什么，但是对于团队、企业、国家来讲，耽误的就不仅仅是时间了。在人才竞争激烈的公司里，要想立于不败之地，我们必须奉行"把工作完成在昨天"的工作理念。一个总能在"昨天"完成工作的人，将永远是一个高效能的工作者。

加强沟通，口头责任落到实处

俗话说“眼睛是懒蛋子，手是好汉子”，说的是面对工作，看得再多、想得再多，都是“空头支票”，只有亲手去干工作、抓工作，责任才是实实在在的。

口头责任的落实和沟通效果密切相关。沟通是企业管理的有效工具。同时，沟通还是一种技能，是一个人对本身知识能力、表达能力、行为能力的发挥。无论是企业管理者还是普通的职工，都是企业竞争力的核心要素，做好沟通工作无疑是企业各项工作顺利进行的前提。有效沟通在企业管理中有着非常重要的作用。

在一个企业内部，如果管理者与员工之间不能有效沟通，就无法明白和体会对方的意思，就难以把自己所“忙”的事情落到实处，工作就会出现问题。下面是一个典型的沟通障碍的案例。

1990年1月25日19：40，阿维安卡52航班飞行在美国新泽西海岸37000英尺的高空。机上的油量可以维持近两小时的航程，在正常情况下飞机降落至纽约肯尼迪机场仅需不到半小时的时间，这一缓冲保护措施可以说十分安全。然而，此后发生了一系列耽搁。

20：00，由于严重的交通问题，肯尼迪机场航空交通管理员通知52航班的飞行员，要求该航班必须在机场上空盘旋待命。不久后，副驾驶员向机场报告该航班“燃料快用完了”。虽然机场航空交通管理员收到了这一信息，但在21：24之前，飞机没有被批准降落。在此之前，阿维安卡机组成员再没有向肯尼迪机场传递任何情况十分危急的信息，而飞机座舱中的机组成员却相互紧张地通知该航班燃料供给出现了危机。

21: 24，52航班第一次试降，由于飞行高度太低且能见度太差，无法保证安全着陆，试降失败。当肯尼迪机场指示52航班进行第二次试降时，机组乘员再次提到该航班燃料将要用尽，但飞行员却告诉肯尼迪机场航空交通管理员新分配的飞行跑道“可行”。

21: 32，飞机的两个引擎失灵，1分钟后，另外两个引擎也停止了工作，耗尽燃料的52航班于21: 34坠毁于长岛，机上73名人员全部遇难。

当调查人员调取了飞机座舱中的磁带，并与当事航空交通管理员交谈之后，他们发现导致这场悲剧的原因正是沟通的障碍——飞行员一直说他们“油量不足”，航空交通管理员只是以为这是飞行员们在出现燃料问题时经常使用的一句话，并未听到“情况紧急”的描述，于是只是当作常规问题处理。

阿维安卡52航班飞行员和肯尼迪机场航空交通管理员由于沟通不畅，无法对飞机的紧急状况作出一致判定，同时也无法建立一致的解决目标。当然也可以说，他们并未达成共同的工作目标，因为在沟通中各说各的，无法达成一致的沟通意见，因此导致最后事故的发生。

由此看来，在团队里，要进行有效沟通，必须明确目标。对于团队领导来说，目标管理是进行有效沟通的一种解决办法。在目标管理中，团队领导可以和团队成员一起讨论目标、计划、对象、问题和解决方案。

由于整个团队都着眼于完成目标，这就使沟通有了一个共同的基础，彼此能够更好地了解对方。即便团队领导不能接受下属成员的建议，他也能理解其观点，下属对上司的要求也会有进一步的了解，沟通的结果自然得以改善。

日常工作中，许多人在就某一问题进行探讨时，往往不是富有成效的交流，而是出现互相谩骂、大声争吵，甚至更糟糕的情况。这是因为他们不是在讨论观点，而只是简单地表达观点，含含糊糊、笼笼统统，还想努力影响他人，使其同意自己的看法。这样一来，就注定他们的沟通不会成功。

在工作上，只有扫清沟通障碍，才能化解矛盾、澄清误会，将“忙”落到实处。那么怎样才能在忙之前沟通到位呢？

1．主动沟通

工作中你可能会发出“手边的工作都已经做不完了，又丢给我一堆工作，实在是没道理”这样的抱怨，这时候如果你保持沉默，很可能会给老板留下办事不力的印象，所以，如果你的工作中出现了这种情况，你切不可保持沉默，而应该主动沟通，清楚地向老板说明你的工作安排，主动提醒老板排定事情的优先级，并认真聆听老板的意见，这样可大幅减轻你的工作负担。

2．态度要端正

人在职场，难免会被人误解。有的是他人造成的，有的则是自己不经意间造成的，对此绝不能采取消极的听之任之的态度，更不要以对抗的方式去面对，而是要通过沟通来解决。通过沟通，不仅有助于消除别人对你的误会，还会加深别人对你的认识。

3．突破障碍

职场中的每一个人都必须突破沟通障碍，致力于建立正常的团队沟通，团队沟通解决好了，众人的智慧就真正调动起来了。

认真对待，落实责任不打折

责任与落实是相辅相成的，强烈的责任感能够缔造完美的落实力，而落实力又能将责任升华，将工作做到完美。驰骋于职场，将工作认真地完成是我们的义务，不能马虎对待，要知道对待工作不能打折，那样欺骗的只能是自己。即便是很小的一项工作，也要抱着百分百的认真去完成。

怎样落实才是不打折扣？不打折扣，就是100%完成，就是细节到位，就是第一次就把事情做对，就是把问题一次性解决，就是要高标准严要求！

绩效源自落实，不打折扣才能保证工作责任的高效执行。

如果在执行过程中打了折扣，后果又会如何呢？让我们先看看下面这个等式：

$$90\%\times90\%\times90\%\times90\%\times90\%=59\%$$

如果在责任落实环节你只是做到了90%，下一个环节还是90%，在5个环节之后，你的工作成绩就不是平均值，而是59%——一个不及格的分数、一个会被激烈的竞争环境淘汰的分数。

了解三元的人，在说起三元的时候，会不由自主地竖起大拇指。历经数次风波，全国乳企中只有三元能独善其身，这不是偶然，更不是刻意，而是踏踏实实，一直坚持良心品质的必然结果。

“在近60年的发展历程中，三元的发展看似保守、缓慢，但却是一步一个脚印、踏踏实实走过来的。”三元食品总经理、党委书记常毅说。

抓奶源、严检测、保品质、求创新，“四轮驱动”下，三元核心目标为为消费者交上一份满意的答卷。源头是基础，三元一直在坚守奶源大关，将牧场当作自己的第一车间，严格建设上游奶源基地，这种长期的坚守为三元生产安全、优质的乳品提供了坚实的基础。

多项目、多指标、多方式的检测是三元食品质量管控环节的一大特色。来到三元的每车原料奶，不仅要经过三十多项指标的检测，而且在生产中每一个过程都有专人品尝的程序，三元实行的全过程品尝体系，是三元一直坚持的“人体实验”，只有自己先喝了，才能放心给消费者喝。

通过将安全责任全部落实在实处，三元乳业赢得了老百姓的信任。企业有再好的决策，也要通过落实才能收到成效。只有决策，并不能让企业在激烈的竞争中脱颖而出，唯有落实决策中的每一个责任才能使企业创造出实际的价值。打了折的落实力，会使企业失去长久生存和成功的必要条件，也就失去了核心竞争力。

世界上没有破产的行业，只有破产的企业。企业破产，往往是从1%的错误开始，最终导致了100%的失败。有一位管理专家一针见血地指出，从手中溜走1%的不合格，到用户手中就是100%的不合格。如果用户对你的产品失去信心，结果就是产品卖不出去，导致企业运转失灵，最后关门。

企业在发展过程中会有很多问题，“打折”落实是企业管理中最大的漏洞，成败关键在于责任是否落实到位，一个极其微小的责任不落实都有可能导致企业巨大的损失。再好的策略也只有在成功落实后才能够显示出其价值。

广州一家家电制造有限责任公司曾发生过这样一起管理“事故”：3号车间有一台机器出了故障，经过技术科的工作人员检查，发现原来是一个配套的螺丝钉掉了，怎么找也找不到，于是只好去重新买。可是根据公司内部规定，必须先由技术工作人员填写采购申请，然后由上级审批，之后再经过采购部部长审批，才能由采购员去采购。

可是，问题又出现了：市内好几家五金商店都没有那种螺丝钉，采购员又跑了几家著名的商场，也没有买到。

几天很快就过去了，采购员还在寻找那种螺丝钉，工厂因为机器不能运转而停产。于是，公司的其他管理者不得不介入此事，认真打听事故的前因后果，并且想方设法地寻找修复的方法。

在这种“全民总动员”的情况下，技术科才拿出机器生产商的电话号码。于是，采购员就打电话问哪里有那种螺丝钉卖。对方却告诉他：“你们那个城市就有我们的分公司啊。你去那里看看，肯定有。”

半个小时后，那家分公司就派人上门送货来了。解决问题的时间就那么短，可是寻找螺丝钉就用了一个星期，而这一个星期公司已经损失了上百万元。

很快，工厂又恢复了正常的生产运营。在当月的总结大会上，采购科长将这件事情又重新提了出来，他说：“从这次事故中，我们很容易就能看出，公司某些工作人员的责任心不强。从技术科提交采购申请，再经过各级审批，到最后采购员采购，这一切都没有错误，都符合公司要求，可是结果却造成这么重大的损失，问题在哪里？竟然是因为技术科的工作人员没有写上机器生产商的联系方式，而其他各部门竟然也没有人问问。”

由于缺乏责任心，技术科并没有将机器生产商的联系方式提供给采购员，从而因为一颗螺丝钉没有执行到位，这家家电企业不得不蒙受上百万元的损失。

有些事实是有目共睹的，凡是发展快且发展好的世界级企业，都是具有强大落实力的企业。在责任面前，我们每个人都应该认识到，责任不分大小，关键在于落实。公司和单位的决策，你不落实，就是对组织的不负责任；不把自己的工作做好，不认真落实责任，就是对自己前途的不负责任。

因此，我们每个人无论面对的责任是大是小，无论做什么工作，在什么岗位上，都不能随意使用“打折卡”，而必须认真落实自己的责任，不折不扣地去履行。

实干巧干，负责做好每件事

随着时代的发展，人们的观念也在悄然发生着变化。如今，实干不再是通向成功的唯一途径。人们懂得以苦为乐，在自身岗位上踏踏实实、一步一个脚印地做好每件事情。实干精神在任何时候都是需要的，但由于客观环境发生了巨大变化，我们也必须承认巧干的重要性。

人们常说：“推磨子不如打碾子，干活儿不如想点子。”这句俗语说明了巧干的重要性。当然，苦干不是傻干、蛮干，应该讲究方法和技巧；巧干也不是不切实际的“空中楼阁”，不是想当然地乱干。违反这一规律，结果要么事倍功半，要么一事无成。

麦肯锡公司是当今世界顶级的咨询公司，它有一个著名的“电梯测试”法：如果一位顾问去向某财富500强企业首席执行官作项目说明，准备了400页精美的演示文稿，演说刚刚开始，首席执行官先生接到总统的电话，要他立即去总统府一趟，怎么办？

此时，顾问应该跟首席执行官先生一起乘电梯下楼，在首席执行官上车之前，仅仅有两分钟的时间，顾问要说服首席执行官为这个项目掏1000万美元！你能如此化繁为简吗？假如你能，你就可能成为麦肯锡公司那些年薪100万美元的高级顾问之一。

麦肯锡公司的“电梯测试”法，足以说明企业对于员工通过思考，有技巧地完成职责的重视。把工作做到最细致，需要10分的实干努力；而要把最细致的工作用最简单的方式呈现出来，则需要12分的巧干聪明。成功人士不仅会卖力地工作，他们更会在行动前思考如何巧妙地完成工作。

作为现代企业中的员工，要将实干和巧干有机结合起来，躬身践行，实干+巧干，才是履行职责最好的方式。巧干，对我们有着巨大的诱惑力，因为，“巧干”不仅能事半功倍，还能让我们面对“实干”者时，产生强烈的优越感。然而，缺乏核心竞争力的“巧干”是无法持久的。所以，“巧干”时，千万不要丧失“实干”的实力。

柳传志还说：“没钱赚的事不能干；有钱赚但是投不起钱的事不能干；有钱赚也投得起钱但是没有可靠的人去做，这样的事也不能干。”正是因为柳传志知道“革命”不能胡干蛮干，所以保证了联想在20世纪90年代初的房地产泡沫经济运行过程中没有跟风，并因此抓住了其他竞争对手实力下滑的时机一跃而出，从此一路领先。

出身寒门的陈绍鹏如今已成为中国IT界的风云人物。如今他已经加入联想控股，领导其旗下一项新的核心新业务——现代农业，打造联想最新产业之一，他的这一就任普遍被外界看好。

18年前，陈绍鹏被联想的招聘广告“如果你想站得高、看得远，请做联想人”所吸引，来到联想应聘。18年后，阴差阳错做了销售的陈绍鹏经历了一次次的转折，成为了优秀的中国企业家。

在其担任联想中南区总经理期间，中南区1997年销售业绩与1996年相比，增长585%；在任商用台式电脑事业部总经理期间，联想商用台式销量在2001—2004年期间年平均增长率为22.6%，远高于市场平均增长速度，为联想在中国PC市场上的领导地位奠定了重要基础。

2005年，陈绍鹏临危受命，被任命为联想大中国区总经理，从幕后走到风口浪尖，陈绍鹏顶住压力，制定出四大战略，将原有七大区细分为十八分区，保障了区域营销管理及指挥前移，将Think品牌业务与lenovo品牌业务的效应发挥到最大。在杨元庆上台后，这位新CEO对公众说："我正因为对绍鹏120%地放心，才把大中国区交给他。我也会在代理商大会上告诉我那些老伙伴，踏踏实实地和绍鹏合作。"

面对成绩，陈绍鹏只是说了一句很朴素的话："我从未想过自己会做到今天这个职位，但是我觉得既然领导把担子交给我，那么我就应该把它做好。"外界给予其"实干家"美誉。

陈绍鹏的实干精神正是柳传志早期所倡导的联想核心精神之一，只有实干才能创造成绩，只有实干才能走向成功！不错，当别人都认为工作只需要按部就班做下去的时候，偏偏有一些优秀的人会找到更有效的方法，将效率更快地提高，将问题解决得更好。正因为他们有这种找方法的意识和能力，才使他们以最快的速度得到了认可。

优秀的员工应该记住，会苦干、能实干，更要会巧干。巧干，是在实际工作中，善于从不断变化的事物内部，探求摸索客观发展规律，运用积累的经验和知识进行创新。斧头砍树既慢又累，锯子伐树则省时省力。

在日常的工作中，我们怎样巧干，才能取得更好的效益呢？

1．既要有狼的勇敢、团队精神，还得有狈的鬼点子、好主意。

2．要有发散思维。当工作出现困难的时候，要运用发散思维多想出几个好方法，优中选优。

第6章 自动自发，让责任变成习惯

我所享有的任何成就，完全归因于对客户与工作的高度责任感。

——李奥·贝纳

“尚可”是一种糟糕的习惯状态

朋友相见，总是习惯地这样寒暄：“工作怎么样”或“最近还好吧”。通常情况下，我们会用“还可以”或者“马马虎虎”来回答对方的问候。这里的“还可以”和“马马虎虎”就是“尚可”的意思。说归说，但在实际的工作中，做事情不能有“还可以”或“马马虎虎”的想法，对于工作来说，“尚可”是一种不负责任的糟糕状态。

这是一个优胜劣汰的社会，如果我们习惯了现状，将变得没有责任感，没有热情，对工作和生活都将产生麻木感，难成大事不说，还将被高速发展的时代所抛弃。

一场突如其来的“塑化剂”风暴，给这个本该平静度过的白酒消费小淡季带来了轩然大波，也吹开了“酒鬼酒”乃至中国白酒业本来坚固无比的“护城河”。一些大大小小的企业在这场风暴中纷纷落马，所以部分行业人士也认为这是行业升级换代的表现，优胜劣汰是市场的选择。

经济的持续低迷和限制“三公”消费的政策压力，给白酒行业带来了较大的压力，尽管酒企业绩依然“好看”，但销售下滑、中秋和国庆“旺季不旺”、经销商库存增加、各方对未来预期降低已经成为白酒业不争的事实。

产品下架、销售受损必将对“酒鬼酒”未来的业绩造成影响，“酒鬼酒”2012年前三季度净利润增长433%的靓丽成绩单在未来一段时期或许难再现。尽管“涉事”的仅有“酒鬼酒”，但中国酒业协会关于“白酒基本上都含有塑化剂”的说法，还是使得整个白酒业或多或少受到了该事件的殃及。而在2012年11月20日，五粮液最大经销商银基集团发布的公告使得白酒行业未来都不甚明朗，该公告显示，截至2012年9月30日，该白酒销售集团半年业绩亏损。

优胜劣汰是自然进化法则，企业发展也遵循着这样的法则。这在当今市场经济条件下表现得尤为明显，因为市场经济就是一种竞争型经济，员工的积极主动性决定着企业的发展。个人和团队安于现状无疑是慢性自杀。

美国富兰克林人寿保险公司前总经理贝克曾经这样告诫他的员工：“我劝你们要永不满足。这个不满足的含义是指上进心的不满足。这个不满足在世界的历史中已经促成了很多真正的进步和改革。我希望你们绝不要满足。我希望你们永远迫切地感到不仅需要改进和提高你们自己，而且需要改进和提高你们周围的世界。”

一位寿险公司的业务员参加工作前过着极为普通的生活。加入寿险公司后，他很努力，规定自己每个月访问100位客人。他总有一些机会接触到大人物——大多是公司总经理级人物，于是他想方设法抓住这些大客户。

虽然他每次在拜访这些大人物前，多少有些紧张，然而当他和这些大人物会面时，紧张感就立刻消失，而且尽量投其所好，寻找对方感兴趣的话题。每次拜访这些大人物之后，业绩总是远比拜访那些小客户要好得多。

一个穷酸小子就这样成了职场成功人士，他也成功地赢得了老板的青睐。于是，他开始不那么拼命了，尽管他完全有能力去说服更多的大客户购买他的保险，但由于他不常去拜访客户，所以一年内，他只谈成了两三笔大生意。然而，他还没有意识到事态的严重性。日子就这样一天天过去了，一年后，他的名字从公司光荣榜移到了裁员名单中。

由此可见，要想在职场中长期生存，就要用责任意识不断提升自己，永不满足现状。不思进取、缺乏责任心的员工不但得不到发展，而且迟早会在日益激烈的工作竞争中被淘汰。

读过《天演论》的人恐怕不多，但知道“物竞天择，适者生存”进化论观点的人应该不少。什么叫“物竞天择，适者生存”？说得通俗一点，就是人类也好，生物也罢，都需要通过不断地进化、不断地进取，才能获得生存权、发展权，否则就有可能面临出局的危险。

事实上，在生活工作中，即使没有狂风大浪，你所处的境况也每时每刻都在变化，安于现状只能是一厢情愿的梦想，当你从梦中醒来时，你会发现原来所拥有的一切，都已经随风而逝。因此，你必须时刻提醒自己要主动变化。所以，在日常生活中我们要做到以下三点。

1. 具备和企业共同进步的意识。作为员工，只有和企业共同进步，才能够在企业中长久地生存。

2. 质疑自己的工作。质疑自己的工作是不安于现状的开始，是一种高度负责的精神，而这种精神将支持我们创造辉煌。

3．适时地和自己较劲。和自己较劲的员工，才能在不断地努力和拼搏中为改变自己的命运争取到更大的舞台。

“做一天和尚撞一天钟”还能混多久

所谓“做一天和尚撞一天钟”，指的是一种没有责任心，怠慢工作，得过且过，混日子的心态。如今，职场上有相当一部分人“做一天和尚撞一天钟”，抱着混日子的态度来做事。这些混日子的人经常会这么想：“今天终于完成了这些破工作”；“糊弄糊弄就可以了，那么认真没用”；“现在的工作只是跳板，不需要我认真对待”等。

可认真想一想，一个人抱着“混”的态度，得过且过，“做一天和尚撞一天钟”，上一天班拿一天工资，这样的打工心态，真能“混”得长久吗？

不能。如果只是抱着“混”的心态，即便是让他去做一线工人，他也一定会得过且过、粗制滥造，做出的产品即使暂时合格，也不会是精品，这与企业的宏伟目标格格不入，时间长了，这种人不是被淘汰就是沦为平庸之辈。

杰克是一家家具销售公司的部门经理。有一次，他在公司里获取到一份情报：公司高层决定安排他们部门的人员到外地去处理一项难缠的业务事件。他知道这项事务非常棘手，要想处理妥善，并非那么容易，所以，他提前一天告假。第二天，上面安排任务，恰好他不在，便直接把任务交代给他的助手，让他的助手转达。当他的助手打他的手机，向他汇报这件事情时，他便在电话中给他的助手安排了工作，以自己有病为借口，让他顶替自己带一帮人去处理这项事务。处理这项事务的具体操作办法，他在电话中也教给了这位助手。

半个月后，事情办砸了，他怕公司高层追究这件事的责任，便以自己告假为由，声称自己不知道这件事情的具体情况，一切都是助手自作主张，带领一帮人去处理的。按他的想法，助手是总裁安排到自己身边的人，出了事，让他顶着，在公司高层面前还有一个回旋的余地，假若自己来承担这件事的责任，恐怕会被降职罚薪。总裁听了助手的具体阐述，对这位经理的人品产生了怀疑，害怕他把这种手段当作惯用的伎俩，影响公司的团结和业务发展，所以再也没有给过他一份富有挑战性的工作。

在面对任务的时候，杰克并没有迎难而上，积极想办法处理，为公司负责，而是消极怠工，以各种手段逃避责任，企图蒙混过关。在事情办砸了以后只想着继续推卸责任，最终导致自己不再被总裁信任。

像杰克这样，没有积极的进取心，没有不怕困难、负责到底的精神，每一天都想着混过去、得过且过的人，在一天天的混日子中终将自己的才华淹没，只能永远平庸。

如果给你一张报纸，然后重复对折，不停地对折。当你把这张报纸对折到51万次的时候，你猜所达到的厚度有多少？一个冰箱那么厚或者两层楼那么厚，这大概是你所能想到的最大值了吧？然而，通过计算机的模拟，这个厚度接近地球到太阳之间的距离。可见，一个人的潜能是无限的，只要我们能够自觉学习，自觉利用在职的每一天努力工作和学习，成功终将属于我们。

严小惠生完宝宝重返工作岗位已经有4个多月了，可这4个多月来，她的心思都无法全部放在工作上，人在办公室，可心里总想着家里的宝宝，工作起来也不积极，害怕接了任务会加班，基本上不是领导点名要求参与的工作，她都不主动接任务。

严小惠在大型国企工作，按照规定她休完产假就回单位上班了，当时宝宝才3个月大。婆婆特意从乡下来武汉帮她带孩子，老人带孩子很上心，可乡下的习惯毕竟跟城里不一样，什么时候喂奶、怎么弄辅食，严小惠都担心婆婆弄不好，所以只要一有出外勤的机会，严小惠就溜了，说是出外勤，其实就是溜回家看宝宝了。严小惠这就是典型的消极心态工作，不主动找工作做，安排了工作也吊着做，什么奖金、好表现都无所谓了，只要不挨批评就得过且过，宝宝才是她的重心。

在办公室里不想干活、消极怠工混日子，对工作只作出被动的反应，需要花很长时间才能完成工作，像严小惠这样缺乏责任心的“僵尸员工”时常在企业中出现，严重影响了那些积极向上的优质员工的工作热情，拖累了整个团队的核心竞争力和战斗力，给企业的发展带来了很大麻烦。

在电视剧《士兵突击》中，老马班长有句话说得特别好："别再混日子了，小心让日子混了你。"可以预见的是，这样的员工在工作中丧失责任感的同时，也丢失了晋升的机会和额外的业绩奖金收入。

我们要想在岗位上待得长久，就必须要让自己学会负责。而不是"做一天和尚撞一天钟"似的怠慢工作。我们要做的是踏踏实实、尽心尽力地工作，即便是每一件小事，都要力争高效地完成。同时，我们要尝试着超越自己，努力做一些分外的事情。这样不是为了看到老板的笑脸，而是为了自身的不断进步。

"按一下，动一下"，迟早被淘汰

具有新时代主人翁精神的员工，应当把公司当成自己开的一样，比老板更积极主动地投入自己的工作，而不是事事等待老板吩咐，只有这样才能担负起企业未来发展的责任，才能取得像老板一样的成就。

现实恰恰与此相反，很多人认为，公司是老板的，我只是替别人工作，工作得再多、再出色，得好处的还是老板，于我何益？有这种想法的人很容易成为"按钮"式的员工，每天按部就班地工作，缺乏活力，有的甚至趁老板不在就没完没了地打私人电话或无所事事地遐想。这种缺乏责任心的想法和做法，无异于在浪费自己的生命和自毁前程。

职业生涯除了自己之外，全天下没有人可以掌控，这是你自己的事业。

肯德基进入中国之前，公司决定派一位执行董事来中国考察市场。他来到北京街头，看到川流不息的人流，穿着都不很讲究，就报告说：炸鸡在中国有消费者，但无大利可图，因为中国人消费水平低，想吃的多，但掏钱买的少。由于他没有主动进行相关信息的收集整理，仅凭直观感觉和经验作出预测，被总公司以不称职为由降职处分。

接着公司又派了另一位执行董事前来考察。这位先生在北京的几条街道上用秒表测出行人流量，然后请500位不同年龄、不同职业的人品尝炸鸡的样品，并详细询问他们对炸鸡的味道、价格、店堂设计等方面的意见。他还对北京的鸡源、油、面、盐、菜等行业进行了详细的调查，并经过总体分析，得出结论：肯德基进入北京市场，一只炸鸡虽然是微利，但消费群巨大，仍能赢得大利。果然，北京的第一家肯德基店开张不到300天，赢利就高达250多万元。这位执行董事自然也得到了提升。

优秀的员工总比常人多走一步路，因为他们知道及格是远远不够的，他们常常会像上面第二位前来中国考察的执行董事那样，主动将责任分解到细处，认真分析工作过程中出现的任何一个小问题。

积极主动的员工，会不断提升自己的价值，精进自己的竞争优势并学习新知识，努力去适应新环境，并且善于从变化中学到新本领，这样才能在激烈的竞争中立于不败之地。否则，你将永远是一名普通的职员，永远跳不出平庸的轨道。

不做“按钮式”员工，要像老板一样成功，像老板一样优秀，就要做到比老板更积极主动。怎样才能做到这些呢？

1. 比老板工作的时间更长

不要以为老板整天只是打打电话、喝喝咖啡而已。实际上，他们只要清醒着，头脑中就会思考着公司的行动方向，一天十几个小时的工作时间并不少见。所以，你不要吝啬自己的私人时间，一到下班时间就率先冲出去的员工是不会得到老板的喜欢的。即使你的付出得不到什么回报，也不要斤斤计较。除了自己分内的工作以外，尽量找机会为公司做出更大的贡献，让公司觉得你是“物”超所值。比如，下班之后你还在工作岗位上努力，尽力寻找机会增加自己的价值，尽量彰显自己的重要性，使自己不在公司的时候，公司某个方面的工作运行起来会很困难。

2. 抢先思考

任何一项工作程序都存在改进的问题，抢先在老板提出问题前，把答案奉上的行为是最受老板赏识的。因为只有这样的职员才真正能减轻老板的精神负担和工作压力，老板就不用再为此占用大脑空间，可以腾出来思考别的事情了。

事实上，能够做到这一点的人并不多。也许可以说，能长期有本事跟老板在工作上竞赛，而且有本事把对方击败的，也差不多可以够得上资格当老板了。

3. 不要满足自己的成就

老板的成功多数都是一步步积累而来的，谁见过一个好的称职的老板满足过？如果你想比他更出色，就应该时刻警告自己不要安逸地躺在床上睡懒觉，要让自己每天都站在别人无法企及的位置上，这样机会才会很快垂青于你。

如今，面对激烈的竞争，我们每个人都应该不断地超越平庸、追求完美，这就需要制定一个高于他人的标准。如果你能够做一个比老板更积极主动工作的人，那么你在职场中必将大有作为。

练就驱动自我的“好功夫”

纵观古今，但凡成就大事者，大多数修炼了一身驱动自我的“好功夫”。他们明白自己要做什么，对要达到的目标了然于心，因此，他们踏实走好每一步，做好每一件事情，从而形成积极主动的做事态度。

优秀的员工总是保持主动做事的习惯，这种习惯一旦形成，哪怕面对的是多么无聊或毫无挑战性的工作，也能获得最高的成就。

亚历克斯到一家钢铁公司工作还不到一个月，就发现很多炼铁的矿石并没有得到完全充分的冶炼，一些使用过的矿石中还残留着没有被冶炼好的铁。如果这样下去的话，公司会有很大的损失。于是，他找到了负责这项工作的工人，跟他说明了问题，这位工人说：“如果技术有了问题，工程师一定会跟我说，现在还没有哪一位工程师向我说明这个问题，说明现在没有问题。”

亚历克斯又找到了负责技术的工程师，对工程师说明了他看到的问题。工程师很自信地说他们的技术是世界上一流的，怎么可能会有这样的问题。工程师并没有把他说的看成是一个很大的问题，还暗自认为，一个刚刚毕业的大学生，能明白多少，不过是因为想博得别人的好感而表现自己吧。

但是亚历克斯认为这是个很大的问题，于是拿着没有冶炼好的矿石找到了公司负责技术的总工程师，他说："先生，我认为这是一块没有冶炼好的矿石，您认为呢？"

总工程师看了一眼，说："没错，年轻人，你说得对。哪里来的矿石？"

亚历克斯说："是我们公司的。"

"怎么会，我们公司的技术是一流的，怎么可能会有这样的问题？"总工程师很诧异。"工程师也这么说，但事实确实如此。"亚历克斯坚持道。

"看来是出问题了。怎么没有人向我反映？"总工程师有些发火了。

总工程师召集负责技术的工程师来到车间，果然发现了一些冶炼并不充分的矿石。经过检查发现，原来是监测机器的某个零件出现了问题，才导致了冶炼得不充分。

公司的总经理知道了这件事之后，不但奖励了亚历克斯，而且还晋升亚历克斯为负责技术监督的工程师。总经理不无感慨地说："我们公司并不缺少工程师，但缺少的是负责任的工程师，这么多工程师却没有一个人发现问题，并且有人提出了问题，他们还不以为然。对于一个企业来讲，人才是重要的，但是更重要的是能够主动负责的人才。"

亚历克斯的成功就在于，他修炼了一身“好功夫”，能够很好地进行自我责任驱动，从而养成了主动观察、主动思考、主动质疑、主动发表想法的习惯，一跃成为公司负责技术监督的工程师。如果他不敢坚持自己的看法，消极地屈服于某些东西，那他就可能没有这样的升迁机会了。

能够进行自我驱动，控制自我的人是比较容易成功的。一个才识过人的人，如果不主动采取任何有价值的实际行动，最终也会一事无成。在工作中养成主动的习惯，把主动的意识融入骨子里，时刻做一个积极主动的人，这是在竞争中战胜他人的一种素质。

不管是在工作中还是生活中，我们都会受习惯的影响。习惯的力量是强大的，如果我们能够养成良好的习惯，就会给自己争取到更多发展的机会和更大的舞台，驱使我们发掘自身的优势，从而做好每一项工作。那么，我们应该如何修炼自我驱动的“好功夫”，养成主动负责的习惯呢？

1．要能控制自己的情绪，避免不良情绪阻碍我们积极主动的脚步。尽管我们紧张地工作，有时候会身心疲惫，但是积极的情绪会让我们从容解决工作中的困难。

2．必须坚定自己主动的思想，并付诸行动，直到思想能控制大脑，让主动成为一种自觉。

3．在日常的工作中锻炼，日复一日，主动就会融入我们的血液，主动工作的意识就会不自觉地体现在行动中。

与其守株待兔，不如主动争取

任何公司都喜欢那些主动寻求任务、主动完成任务、主动创造财富的员工。主动性就是不用别人说就能出色地完成任务，主动是出色完成任务的必要前提。在工作中，我们只有主动接受任务，主动想办法，尽一切可能使任务完成得更好，才会获得长足发展。

钢铁大王卡内基曾说过："有两种人绝不会成大器，一种是非得别人要他做，否则绝不主动做事的人；另一种人则是即使别人要他做，也做不好事情的人。那些不需要别人催促，就会主动去做应做的事，而且不会半途而废的人必将成功，这种人懂得要求自己多付出一点点，而且做得比别人预期的更多。"

美国一位年轻的铁路邮递员，和其他邮递员一样，用陈旧的方法分发着信件。大部分的信件都是凭这些邮递员不太准确的记忆拣选后发送的，因此，许多信件往往会因为记忆出现差错而耽误几天甚至几个星期。

于是，这位年轻的邮递员开始寻找新的办法。他努力设计出了一套更好的系统。他将每一个时刻表都收集起来，对所有铁路站点进行研究，并算出了从任何其他地方到达一个地方的最快捷路线，并编辑出一套铁路邮政指南。这使他能够以前所未有的速度处理邮件。

某次的一场大雪堵塞了铁路线，一列接一列的火车不得不停靠在一旁。命令下来了，要求将所有的乘客、包裹和邮件从车厢的这边转移到另一边，以便列车可以调头克服这种拥堵状况。但需要搬运的邮政麻袋有数百个，原本要做此事的铁路工人根本忙不过来。

也是这个年轻人建议，这三十个或者更多的邮递员应当忙活起来。在遭到部分人拒绝后，他和三两个愿意帮忙的人开始工作，完成了所有任务。

很快，他获得了升迁的机会。五年以后，他成了铁路邮政总局的副局长，不久又被升为局长。他的名字叫西奥多·韦尔——也就是这个人，围绕着“全球服务”的思想成立了著名的美国电话电报公司。

积极承担责任，主动去做一些事情，这就是西奥多·韦尔获得成功的原因之所在。

在现在这个竞争激烈的时代，“守株待兔”式的被动工作是不可取的，个人的主动进取更受重视。知道什么事该做，就立刻采取行动——动手去做！不必等别人的督促与交代。率先主动的人常常会得到提升和赏识。比别人多负责，就会拥有更多的机会。

优秀的员工一定是自动自发工作的员工，他们勇于负责，有独立思考的能力。他们不会像机器一样，别人吩咐做什么就做什么，他们往往会发挥创意，出色地完成任务。而被动工作的员工，常常会墨守成规、害怕犯错误，自然也就不可能在工作上取得大的突破。

兄弟三人同时在一家公司上班，但他们的薪水并不相同：老大的周薪是350美元，老二的周薪是250美元，而老三的周薪只有200美元。做父亲的感到迷惑不解，便向这家公司的老总询问原因。老总没做过多的解释，只是说：“我现在叫他们三个人做相同的事，你只要在旁边看看他们的表现就可以得到答案了。”

老总先把老三叫来，吩咐道：“现在请你去调查停泊在港口的C船，船上皮毛的数量、价格和品质，你都要详细记录下来，并尽快给我答复。”5分钟后，老三告诉老总，他已经用电话询问过了，就这样算是完成了他的任务。

同样的事情又交代给老二，在一个小时后，老二回到总经理办公室，一边擦汗一边解释说，他是坐公交车往返的，并且将船上的货物数量、品质等详细报告出来。

老总再把老大找来，先将老二报告的内容告诉他，然后吩咐他去做详细调查。两小时后，老大回到公司，除了向总经理作了更为详尽的报告外，另外又汇报说他已经将船上最有商业价值的货物详细记录下来，为了方便总经理和货主订契约，他已约货主第二天早上10点到公司来一趟。回程中，他又到其他两三家皮毛公司询问了货的品质、价格，并请可以做成买卖的公司负责人明天早上11点到公司来。

在暗地里观察了三兄弟的工作表现后，父亲终于恍然大悟。

主动性是老大这样的优秀员工与老二、老三这样普通员工的重要区别。要想在职场中取得一席之地，我们不能消极等待上级发号司令再去工作，而要用主动负责的心态来对待自己的工作，争取做得更好，争取更大的业绩。

身处“被”字时代，更要主动争取，这样才能争取到自己想做的事情，并在开心完成的时候得到丰厚的回报。如果不去争取选择的权利，我们就会接到很多自己不想做的工作和任务，这样就会在一种很痛苦的情绪下工作，不但没有效率，而且还会影响到整体的业绩，那是得不偿失的选择。

不是“要我做”，而是“我要做”

职场中，很多人一谈起工作就会不自觉地说：“烦死了，老板怎么要我做这么多事情”、“太讨厌了，要我做这么多，我哪能做完”。好像做一切工作就是被逼的。这些“按钮式”员工，老板是不会喜欢的。

“要我做”强调的是一种被动，而“我要做”与之恰恰相反，强调的是一种主动。有着这种主动思想的人，在工作中不是被动等待老板的吩咐，而是自觉去找活干，自觉为公司作出更大的贡献。

作为一名员工，应当把公司的事情当成自己的事，无论老板有没有吩咐，只要自己能做，就应该发挥主动负责的精神，把公司的事情做好。

威尔逊上大学的时候在一家著名的IT公司做兼职，由于表现出色，大学毕业后他成为该公司的一名正式员工，并担任技术支持工程师一职。工作两年后，年仅24岁的他被提拔为公司历史上最年轻的中层经理，后来他更因在技术支持部门出色的表现而被调往美国总部任高级财务分析师。

初进这家公司，威尔逊只是技术支持中心一名普通的工程师，但他非常想干好这份工作。当时，经理考核依据是公司报表系统上的“成绩单”，而这个只有到月末才能看到。于是他想：如果可以每天得到“成绩单”的报表，经理岂不是可以更好地调配和督促员工？与此同时，他还了解到现行的月报表系统有一些缺陷。比如当业务量增大的，或一两个员工请假时，就会有很多工作被耽误。

综合考虑了各种因素后，威尔逊觉得自己有必要设计一个有快速反应能力的报表系统。他用一个周末的时间写了一个具有他所期望的基础功能的报表小程序。一个月后，威尔逊的“业余作品”——基于Web内部网页上的报表开始投入使用，并取代了原来的Excel报表。在工作上的出色表现，使公司总裁看到了他的一些潜质，两年以后，总裁亲自给了威尔逊一个重要的升迁机会，让他担任公司在整个亚洲市场的技术支持总监。

威尔逊发挥主观能动性，在老板没要求他做的情况下，能自觉去做自己能干的事情，正因为如此，他才比别人更快走向更高层。

这个故事告诉我们，要在工作中出人头地，就要找准自己的定位，把“要我做”的思维转换为“我要做”的想法，多去承担责任，做好工作中的事情。要知道，当一个机遇出现的时候，是不会等着你去慢慢学习胜任能力的，机遇都是挑选能够胜任的人来承担的。

作为新时代的员工，我们应当沉下心来，把公司的使命当成自己的使命，带着责任感投入工作，而不是事事等待老板吩咐，只有这样，才能有所成就。

著名的咨询专家舒沃兹博士在美国科罗拉多州举行的一次管理研讨会上演讲，他演讲的话题是“个人的才能引导你的升迁”。在听过演讲之后，詹妮丝——舒沃兹博士以前的学生跑来找他谈论自己的问题。

詹妮丝抱怨说她已经有3年都没有升迁了，她见过有些条件比自己差的人，都升迁到了薪资较高的工作岗位，但发现自己总被忽视。

舒沃兹博士回答说：“我对你的公司了解也不多，所以我也不知道高级主管是否有欠公允。但是，詹妮丝，你告诉我，你曾要求过升迁吗？”

詹妮丝看起来很困惑，回答说：“没有，我没有要求过，我认为我的上司知道我的工作比一般人做得好。”

于是，舒沃兹博士向詹妮丝说明，高层的经理们认为较高职位的工作是很重要的。他们提升的人必须具备另一个条件，那就是他主动想成为领导者。具有领导的欲望和责任感，这是领导过程中最重要的部分。当你要求提升时，你表现出了进取的精神，而高级主管通常喜欢提拔有进取精神的员工。

最后，舒沃兹建议她说：“詹妮丝，下周告诉你的上司说，你认为你有资格升迁，同时你也会负起所有责任。”

几个星期后，詹妮丝打电话给舒沃兹，并告诉他，她得到了升迁。

在现代社会，虽然服从与执行能力相当重要，但像上文小故事中的詹妮丝之所以能够得到升迁，就在于她让老板发现了个人负责进取的精神。对每一个企业和老板而言，他们需要的绝不是那种仅仅遵守纪律、循规蹈矩，却缺乏热情和责任感，不够积极主动、自动自发的员工。在企业中，能够主动担负责任的员工会更受老板信赖。

那么，我们在工作中，该怎样培养自己的主动进取精神，尽快让自己得到老板的重视呢？

1．一切以主动为导向的意识。在《致加西亚的信》一文中，作者如此写道："我钦佩的是那些不论老板是否在办公室都会努力工作的人，这种人永远不会被解雇。"

2．主动创新的精神。作为企业的员工，你务必要打破旧有思维的条条框框，突出自身创造力，学会"绕圈子"走路，而不是墨守成规，停滞不前，停留在老旧的功劳簿上。

3．积极进取的上进心。时刻保持积极的心态去做每一件事，你就会发现，你其实可以顺利并且愉快地做好原来可能做不到的事情。

4．用行动代替幻想。别窝在那里幻想了，即使你的幻想多得堆成大山也毫无用处。而积极行动起来，从小事做起，就会发现工作远没有想象的那么困难。久而久之，就会把工作本身当作一种乐趣，享受其中的成就感。这时候，你自然就拥有了主动出击的习惯。

第7章 着眼小处，用细节成就责任

对一个人来说，所期望的不是别的，而仅仅是他能全力以赴和献身于一种美好事业。

——爱因斯坦

聚焦小事，工作处处显责任

越是小事，越能够显示出一个人的责任心。一位伟人曾经说过：“轻率和疏忽所造成的祸患，将超乎人们的想象。”

在工作中，任何一个环节出了问题，都会影响整项工作的顺利进行，因此，我们一定要养成重视小事、认真细致的工作作风，对身边的每一件小事、每一个细节都负起自己的责任。

飞龙集团总裁姜伟是“中国改革风云人物”之一，1990年10月创立企业时，注册资金只有75万元，第二年获得利润400万元，1992年获得利润6000万元，1993年、1994年连续两年利润超过2亿元。这个靠“飞燕减肥茶”起家、“延生护宝液”发家的民营企业，资本积累速度绝不亚于海尔，其“地毯式”广告轰炸产生的品牌效应一度不亚于海尔，可为什么1995年一遇上保健品市场下滑就一蹶不振？

其中的原因非常复杂，姜伟本人对此进行过深刻反省。在其《总裁的20大失误》里，姜伟对飞龙跌落的原因，从决策、管理、市场、人才等诸方面进行了剖析。其中第11大失误是：“管理规章不实不细。飞龙集团发展六年中制定了无数条规章和纪律，规章制度已经比较完整。但这些规章大部分没有严密的具体细则，没有落实到具体责任人，导致有规难依的局面。纠正这一错误要从现在开始，总部各部门、各分公司重新把现有的法规完善后，要增加两方面内容，即法规实施细则和实施检查细则。”

飞龙集团的失败为我们敲响了警钟：工作无小事。一个企业从诞生之日起就面临众多强敌的威胁，要想在企业之林中站稳脚跟，除了构建严密的组织生态外，还有一个重要主题，就是敏锐地发现组织中有可能引发危机的“蚁穴”，未雨绸缪，防患于未然。一旦发现组织的“蚁穴”，就要不遗余力地根除。

比尔·盖茨常常说，微软距离破产永远只有18个月。企业越大就越容易存在此类风险。韩国的大宇700亿美元不能说不大，但说倒闭也就倒闭了。因为企业大，所以小事没有人做；因为事情不大，所以小事做不透。工作中小事的失误多了，破坏力巨大。

罗西是跨国公司里的名人，业绩谁也撵不上，人际关系融洽，更难能可贵的是，年纪轻轻就独当一面。大家说那是罗西稳重、有信任感。有人问他成功的秘诀是什么，罗西听了笑着说：“哪有什么秘诀，其实就是细心决定命运！”

有一次，罗西跟随公司领导整理材料，为即将参加的一个全国性会议做准备。和罗西在一起的另外一个秘书是简妮，她很有水平，当罗西还埋在纸堆打字的时候，人家早就把漂漂亮亮的报告送到经理桌前了，其效率之高让罗西自叹不如。

可是没想到，就是那份早熟的报告，却闹出了大笑话。在会议上，其他公司的经理们都嘲笑地说：“还是你们能干，看看，一下子就卖出了6个亿，是外星人开的公司吧，我们自叹不如呀。”这样的事儿，大会上还是第一次出现。原来，经理吩咐简妮将文中的“六万”改为“60000”，叮嘱仔细检查莫要出错。可是，简妮噼里啪啦地就加上了4个零，全部改成了“60000万”。

这件事给经理留下了很坏的印象。相反，慢工出细活的罗西，工作规规矩矩，从不出错，反而被经理认为是扎实稳重，让人放心的属下。在升职的竞争中，罗西出乎意料地胜出了。

只是多添加了4个小小的零，简妮的工作报告就给经理制造了大笑话，难以想象，如果简妮这种缺乏责任的工作情况在重要谈判桌上出现，会给自己的企业带来怎样的经济损失。企业中各种无谓的“小问题”，这些看似不起眼的小疏忽往往会成为企业发展的重大隐患。无论是哪一个环节出现问题，都将产生无法预料的后果。

企业在经营过程中要把责任落实到每一个细节，要把责任具体分摊到每个人身上，只有这样才能防范企业经营管理中的“蚁穴”，确保企业健康持续发展。

工作无小事。若不及时处理工作中某个环节出现的麻烦，一连串的失误势必在某一天酿成大祸。因此，我们在工作中一定要养成重视小事、认真细致的作风，对身边的每一件小事、每一个细节都负起自己的责任。

细化责任，把简单的事情做好

无论是伟人还是普通人，他们大部分时间都是在做一些很平凡、很简单的小事情。然而有很多人，他们不屑于做具体的事，不屑于认真对待小事和细节，总盲目地相信“天将降大任于斯人也”。殊不知，重视细节，能把每一件简单的事情都做好就是成功。

富有责任心的人会把责任具化到每件小事上，成功来自于简单的责任积累。

汤姆森起初只是美国福特汽车公司一个制造厂的杂工，他就是在做好每一件小事中获得了成长，并最终成为福特公司最年轻的总领班。在有着“汽车王国”之称的福特公司里，32岁就升到总领班的职位，的确不是一件容易的事。其中，“在平凡中积累卓越”是其成功的秘诀。

汤姆森22岁进入福特汽车公司工作。他从最基层的杂工做起。杂工不属于正式工人，也没有固定的工作场所，哪里有零活就要到哪里去。因为这项工作，汤姆森才有机会和工厂的各部门接触，因此对各部门的工作性质有了初步的了解。

在当了一年半的杂工之后，汤姆森被调到汽车椅垫部工作。不久，他就把制椅垫的手艺学会了。后来他又被调到点焊部、车身部、喷漆部、车床部等部门去工作。在不到五年的时间，他几乎把这个厂各部门的工作都做过了。最后他又决定申请到装配线上去工作。

由于汤姆森在其他部门干过，懂得各种零件的制造情形，也能分辨零件的优劣，这为他的装配工作提供了不少便利。没过多久，他就成了装配线上最出色的人物。很快，他就晋升为领班，并逐步成为15位领班的总领班。如果一切顺利，他将在一两年内升到经理的职位。

杂工是最平凡的工作岗位，汤姆森垂爱于细节，做好每一件小事，从中获得对各部门工作性质和工作环境的认识，为实现最终的职业目标打下了基础。

表面看来，汤姆森仍是一个工人，但他的经验、他的见解，已超越了普通工人。换言之，他已拥有领导全厂工人的能力和素质。他在平凡中所获得的成长是巨大的。当他晋升为管理者时，他会比其他没有接触过椅垫制作工艺的人更懂得如何有效地管理椅垫部门的工作，以及有效地解决那些不同于其他部门的细节问题。

由此看来，在工作中，没有任何一件事情，小到可以被抛弃；没有任何一个细节，细到应该被忽略。那些想在事业上取得成绩的人就应当像汤姆森一样，把平凡的事情做得不平凡。

冰箱中二事业部是海尔集团内部最早实施“电子三E卡”信息系统的单位之一。每天的上、下班时间，冰箱中二事业部餐厅门口的“电子三E卡”查询终端总是人头攒动，大家都在通过这台设备查询自己的收入。

“电子三E卡”系统与生产线的各项自动扫描设备相连接，

每生产一台冰箱，扫描条码的信息都会同时传输到“电子三E卡”系统；系统自动乘上该员工的计件工资，其他如“质量”、“现场管理”等激励则由相关人员在现场与员工确认后，再扫描员工的个人条码，记录到系统内兑现。计件、质量、中夜班补贴、成本、订单等，构成了员工的收入。员工通过考勤卡一查，即知自己的收入和相关的奖励是多少。

海尔集团“电子三E卡”的实施，并不是一个简单意义上的信息化数据记录系统，大家不单是简单查询自己的收入，而是真正给员工提供了一个平台，员工通过这个平台及时、准确地找出自己的差距，进行改进、提高。

海尔集团总裁张瑞敏说：“什么叫不简单，把每一件简单的事做好就是不简单；什么叫不平凡，把每一件平凡的事做好就是不平凡。”简单的细节最能反映一个企业的发展追求和一个人的职业素养。

简单的事情反映责任心，简单的事情反映逻辑思维的能力，简单的事情反映自我管理的能力，简单的事情反映对他人的关注。很多人渴望证实自己的优秀，但却总是停留在梦想阶段，而不是从简单的小事做起，从而失去了很多展示自己价值的机会和走向成功的契机。大事是由众多的小事积累而成的，忽略了小事就难成大事。

把简单的事情做好，同样能让你脱颖而出，因为别人忽略的，你看到了、做到了，这就是你的出众之处。细节是你的个人才能得以发挥的重要途径，也是最能看出你不同凡响的地方。如果你能在平凡的工作中细心磨炼，把很小的细节都做得很到位，你必定能一步一个脚印地走向成功。

集中能量，一次做好一件事

安德鲁·卡内基说过：“当你把所有的蛋都放进一只篮子里时，你最好的办法，就是全神贯注地守住那只篮子。”在工作当中，一定要有长远的眼光，不要被一些外在的诱惑而迷惑，要负责踏实做自己的事情，专注于自己的本职才能获得长远的发展。

一些员工在工作中每天都忙忙碌碌，但并没有作出什么很有效的成绩，这是为什么呢？其中有一个很重要的原因，就是他们不懂得集中能量，一次做好一件事，而是大事小事统统全包，做事情不专注，结果忙前忙后，忘了更重要的事情，弄得丢了西瓜专捡芝麻。

张国强因为《士兵突击》走红。无论在演戏还是生活中，导演康洪雷对其都有不小的影响，张国强也因此一直称康洪雷为“恩师”。2012年在南京杀青的电视剧《推拿》，也成了二人继《士兵突击》、《我的团长我的团》等多部影视剧后的再一次合作，在戏中，张国强却告别硬汉身份，逐渐找到了新定位。

在《推拿》的拍摄当中，为了与剧中人物定位相符合，东北汉子张国强也苦学南京话，天天拿着电脑放南京话的视频，去听、去看、去感受，强行给自己灌输南京人说话的语气语调。语言过关，但是如何掌控方言与演戏两者间的平衡，也让张国强费了一些周折，“丢了西瓜捡芝麻，我把全部的注意力集中到语态跟方言上了，没有去研究戏是什么意思。”

不过，经过磨合，张国强已经解决了这个问题，“我把它区分开了，在家里我就可以说方言，在外就说普通话。”

只有像张国强这样学会调节，才能负责地专注于要事。人的精力是有限的，一次只能做好一件事，无论做什么事情，我们首先要清楚自己最重要的事情是什么，然后排除一切干扰，集中精力做好这些事情。

著名的效率提升大师博恩·崔西有一个著名的论断：“一次做好一件事的人，比同时涉猎多个领域的人要好得多”。富兰克林将自己一生的成就归功于“在一定时期内不遗余力地做一件事”这一信条的实践。

一般来说，一个人的注意力只能集中在一件事情上，如果你一定要同时思考或者关注几件事情的话，最终很可能得不到任何真正准确的结果。

心理学家们发现，如果一个人能够在工作过程当中保持精力高度集中，他的心理能量就能够更加集中地投入正在进行的思维活动当中，从而使思维在特定的问题上处于最佳激活状态，最终使人脑能够高效地进行信息加工和问题解决。

李果是一家广告公司的文案创意人员。一次，一个著名的洗衣粉制造商委托李果所在的公司做广告宣传，负责这个广告创意的好几位文案创意人员拿出的东西都不能令制造商满意。于是，经理让李果把手中的事务先搁置几天，专心把这个创意文案完成。

连着几天，李果在办公室里抚弄着一整袋洗衣粉苦苦思索。这天，她把手中的洗衣粉袋放在办公桌上，又翻来覆去地看了几遍，想把这袋洗衣粉打开看一看。于是找了一张报纸铺在桌上，然后，撕开包装袋，倒出了一些洗衣粉，一边用手揉搓着这些粉末，一边轻轻嗅着它的味道，寻找灵感。

突然，在射进办公室的阳光的照耀下，她发现了洗衣粉中有一些特别微小的蓝色晶体。她便立刻起身，亲自跑到制造商那儿问这到底是什么东西。得知这些蓝色晶体是一些“活力去污因子”，因为有了它们，这一次新推出的洗衣粉才具有了超强洁白的效果。

得知这一信息，李果回去便从这一点着手，绞尽脑汁，寻找最好的文字创意，因此推出了非常成功的广告方案。广告播出后，这个产品的销量急速攀升。

一个人在工作中常常难免被各种琐事、杂事所纠缠，总是不能静下心来去做应该做的事，结果白白浪费了大好时光，什么事都做了，却都没有做好。

爱迪生认为，高效工作的第一要素就是专注。他说：“能够将你的身体和心智的能量，锲而不舍地运用在同一个问题上而不感到厌倦的能力就是专注。对于大多数人来说，每天都要做许多事，而我只做一件事。如果一个人将他的时间和精力都用在一个方向、一个目标上，他就会成功。”

任何人，无论做任何一件事，只要能够做到专注，就可以最大限度地释放出自己的能量，并提高自己取得成功的可能性。

用放大镜看小问题

“蝴蝶效应”的意思是说，一件极小的事情经过一定的时间，并在其他因素的参与作用下，就有可能导致极为严重的后果。倒塌的责任链与“蝴蝶效应”颇为相似，往往就是因为一个小小的细节导致了责任链的坍塌。

对于企业来说，任何岗位上出现了小差错，都可能对整个班组、整个企业、整个社会都会造成不可估量的损失。

肯德基以其鲜明的特色，优美简洁的环境，按标准化制作的食品，热情周到的服务，吸引了大批国人，尤其是年轻人。外国餐饮业的“入侵”大大刺激了中国传统的饮食业。一些国内餐饮业也纷纷搞起了连锁，企图抵抗“外敌入侵”，其中上海的荣华鸡就是杰出的代表。

20世纪90年代初，上海新亚集团老总去肯德基考察了一番后，自己配了几种调料，做起了油炸鸡。除了有一个鸡腿，还有国人爱吃的罗宋汤、上海人爱吃的咸菜炒毛豆和一个酸辣菜。

1991年12月28日，荣华鸡快餐公司成立。荣华鸡以适合中国人口味和比较便宜的价格，受到了广大消费者的青睐。可是，好景不长，荣华鸡在与肯德基的较量中逐渐处于劣势。2000年，随着北京安定门分店的关闭，荣华鸡结束了为期6年的京城生涯，这标志着其在与肯德基的较量中彻底失败。

新亚集团在分析荣华鸡失败的经验时发现，企业内部并未建立一套有效的责任规范制度，企业内国家级的厨师有几百名，手工化操作没办法标准化。一个厨师如果昨天晚上多喝了一口酒，今天的口味可能不一样；今天早晨如果多吃了一点咸菜，与昨天的口感又不一样。而肯德基背后却有一套严格的责任规范链条。

其实真正毁掉荣华鸡的不是“中国制造”，而是新亚集团内部并未建立起一条清晰有效的责任链条，这使得一些缺乏责任的不规范操作在企业内部滋生，进而影响全局。没有人想到它会带来这么大的危害。

企业需要建立责任链，避免责任缺失的“蝴蝶效应”在企业中蔓延。为了避免责任的缺失或断裂，为了避免“责任链”像多米诺骨牌一样倒塌下去，每一个员工都应该认识到责任链的重要性，“勿以善小而不为，勿以恶小而为之”，无论如何都要坚守自己的责任，落实自己的责任。

一个员工如果处在“敏感位置”，那么他的不负责任就可能“牵一发而动全身”，甚至导致企业组织中“责任链”的倒塌。

2011年7月10日，俄罗斯鞑靼斯坦共和国伏尔加河河段发生沉船事故，造成100多人死亡或失踪。根据有关部门的初步调查结果和俄媒体透露的信息，除天气原因、交通工具老化外，从业人员责任心缺失及监管部门不作为，是造成此次重大灾难事故的重要原因。

俄罗斯媒体还认为，严重超载和责任心不够也是酿成这次惨祸的重要原因。据悉，事发前这艘船上共载有208人。而这艘船的设计载客能力是120到140人，存在严重超载现象。

另外，有关调查和媒体报道都指出，这艘船在出发时就出现船体向右侧倾斜约4°的情况，其主要原因是右侧油箱加满了油，而左侧油箱是空的。俄运输部门官员认为，这是船长的直接责任。俄罗斯媒体也认为，旅游项目的经营者利欲熏心也是造成事故发生的原因之一。他们为了赚钱，根本不考虑游客生命安全，在明明知道存在安全隐患的情况下，还执意让这艘船承担运营业务。

从业人员的岗位责任和企业组织里其他的责任紧密相连，构成了企业组织紧密有效的“责任链”。

如果保管员的岗位责任缺失，它将沿着组织的责任链，导致一系列的责任缺失——假如仓库因保管员的失职而发生火灾或盗窃，接下来会发生什么呢？生产部将因领不到原材料而被迫停止生产，销售部会因生产部的停产而无法履行销售合同，财务部将因销售部不能履约而无法按计划回收应收款，一个看似不起眼的责任缺失，就这样导致了一连串的“责任链”倒塌。

“敏感责任”环节缺失了责任，就像大齿轮缺失，将导致整个机器停止运行一样。

责任无小事。我们要做的就是找出自己部门的敏感性责任岗位，将“不确定性”变成“确定性”，如果你正处在“敏感责任”岗位上，那你的责任重大，你需要100%保证自己的工作，如果你没有处在这一“敏感责任”岗位上，你需要支持帮助其工作，避免出现“灾难性”的连锁反应。总之，面对工作，我们应当提高警惕性和责任感，尽可能杜绝工作中可能出现的一切“隐患”，防止企业“因小失大”。

位卑不消沉，责小也不能懈怠

在这个世界上有很多事情是不公平的，由于我们的出身、家庭背景和所接受的教育不同，注定了我们在社会和工作中所扮演的角色不同，有些人会是影响力很大的知名企业家，不仅位高权重，而且工作舒适体面；而有些人却只是普通的员工，做最平凡的工作。但无论从事何种职业，在哪个工作岗位，都要尽力做好自己的本职工作，思想上不可松懈，工作不能消极应付。

我们在工作中要做到位卑不消沉，责小不松懈，因为做好自己也是一种成功。下面这个故事也许能带给你一些启发。

为了募捐，主日学校准备排练一部叫《圣诞前夜》的短话剧。剧中有五个角色，父亲、母亲、女儿、儿子和一只叫名“危险”的狗。妹妹演的就是最小的角色，连一句台词都没有的狗。尽管是一个小角色，但是她没有退出。她积极参加每次排练，并且很投入。

演出那天，整个礼堂都坐满了人，演出开始了。先出场的是“父亲”，他在舞台正中的摇椅上坐下，召集家人讨论圣诞节的意义。接着“母亲”出场，面对观众坐下。然后是“女儿”和“儿子”，分别跪坐在“父亲”两侧的地板上。

在这一家人的讨论声中，妹妹穿着一套黄色的、毛茸茸的狗道具，手脚并用地爬进场。但这不是简单地爬，“危险（妹妹）”蹦蹦跳跳、摇头摆尾地跑进客厅，她先在小地毯上伸个懒腰，然后才在壁炉前安顿下来，开始呼呼大睡。一连串动作，惟妙惟肖。很多观众也注意到了，四周传来轻轻的笑声。

接下来，剧中的父亲开始给全家讲圣诞节的故事。他刚说到“圣诞前夜，万籁俱寂，就连老鼠……”“危险”突然从睡梦中惊醒，机警地四下张望，仿佛在说：“老鼠？哪有老鼠？”神情和小狗一模一样。

父亲继续讲：“突然，轻微的响声从屋顶传来……”昏昏欲睡的“危险”又一次惊醒，好像察觉到异样，仰视屋顶，喉咙里发出呜呜的低吼。太逼真了！

那晚，妹妹的角色没有一句台词，却抢了整场戏。后来，妹妹说让她表演获得成功的就是爸爸的一句话：“如果你用演主角的态度去演一只狗，狗也会成为主角。”

这个故事应了演艺圈的一句流行语：没有小角色，只有小演员。命运赐予每个人不同的角色，如果你不幸被分配到饰演一个小角色，那么与其怨天尤人，不如全力以赴。因为再小的角色也有可能变成主角，哪怕你连一句台词也没有。

在职场中也是如此，工作对于我们每一个人来说，都是重要的。抱着敷衍的态度工作是永远不可能有收获的。也许我们从事的是很平凡、很普通的工作，也许我们现在就是公司的一个小职员，如果我们用“小”的心来演绎自己的人生，那么只能是不受重视的小角色。如果我们用“大”的心去演好每一个角色，那么，即使是一个小角色，也能演出主角的风采。

在上海，有一位名叫臧勤的出租车司机，他被称为“神奇的哥”。这位业内数一数二的高薪司机“在工作中透出管理思维”，他对营业数据进行统计、分析的思维方式，令人耳目一新。

他从计价器中研究一天的详细记录，“每次载客之间的空驶时间平均为7分钟。乘客上车后，10元起步价大概需要10分钟。也就是说，我每做10元生意要花17分钟的成本”。根据核算，“20元到50元之间的生意，性价比最高”，如果做20元左右的中短途生意，两小时能赚120元；做好一单生意之后，还要决定往哪儿拐弯、怎样规避交通高峰，并“通过挑选行车线路来主动选择所载的客人”。

17年的哥生涯，臧勤还发展了一批“回头客”，长期客户中不乏外籍人士，他们常常包租，给臧勤带来了不菲的收入。他所在车队的负责人表示，“像他这样用脑子开车的驾驶员确实罕见”。

臧勤说，自己想做一名有素质、有头脑、有文化、很快乐的“车夫”。他平时喜欢看很多书，还有《财富人生》这种电视节目，“当然不只是单纯地看，还要去思考”。

臧勤的成功，主要还是缘于以主角的心态去演出租车司机这个社会上很平凡的小角色，他知道自己的角色很小，但是并不灰心，以自己的努力和智慧，尽量把这个小角色演好。

也许你觉得自己的岗位微不足道，没有什么责任可言。实际上，小岗位也有大责任。一根道钉足以倾覆火车，一根火柴足以焚烧森林，一个蚁穴足以溃塌大堤，一个垫圈足以毁掉航天飞机。清醒地意识到自己的责任，并勇敢地扛起它，才能由平庸走向优秀。

在工作中我们要做到位卑不消沉，责小不松懈。无论岗位大小，每个工作岗位都承担着一定的社会责任，都有一定的价值和意义。只有在自己的工作岗位上充分发挥聪明和才智，才能成为一个卓越的人。

责任长存，一分责任付出十分汗水

我们时常看到那些成功人士被鲜花和掌声包围，却不曾了解他们背后的辛酸。没有谁的成功不经历挫折和坎坷。人们常用“台上一分钟，台下十年功”来形容成功的不易。

“不经历风雨怎能见彩虹，没有人随随便便能成功”，要想作出一番成就，我们需要为一分的责任付出十分的汗水，只有时刻绷紧脑中责任的弦，才可能一步步实现我们的责任目标，从而实现实现自己的理想和抱负。

蔡维华，出生于四川一个普通农民家庭，由于满脸络腮胡子，加上脾气好，人们亲切地叫他“大胡子”。1990年，蔡维华到华南公司所属项目务工，先后参建过河南焦作黄河大桥、河南新孟路、广东珠海大桥等十余个项目，经过多年磨炼，小学文化程度的他硬是学会了看钢筋图纸，这么多年来只要是经他加固的模板很少出现胀模或爆模的问题。

2005年，他来到了兰州至磨憨段云南元武路B6标，担任七号桥作业队领班班长。这里的施工条件非常艰苦，前10个月施工便道无法使用，后来有一条便道可以通车，但是大胡子没有退缩，而是一头扎进大山深处埋头苦干。

施工砂石材料只能用小卷扬机一斗一斗往半山腰上送，卷扬机坏了，大胡子就请来村民的骡子，用自制的竹兜子一兜一兜往上驮，后来村民不愿意挣这个钱了，大胡子二话没说就领着工人肩挑手扛，在墩柱、盖梁施工时，远远就能看到几个人围着一块模板，一抬就是大半天。

他说："我们干活要凭良心，国家人民拿这么多钱修路，我们工人能力不大，但是我们平时只要是把模板加固好了，混凝土振捣密实了，我们就算对得起国家、对得起我们拿的这份钱，对得起自己的良心。"蔡维华虽没有什么华丽的语言，但是他敬业、勤恳、负责的精神却赢得了人们的尊敬，"大胡子"在B6标越叫越响亮。

蔡维华虽然只有小学学历，但是他自己十分努力保证了责任感的落实。

一个人无论从事何种职业，都应该心中长存责任感，敬重自己的工作，在工作中表现出忠于职守、尽心尽责的精神，这才是真正的敬业。

松下幸之助说："当年创业的时候，我对自己说：要好好努力，多比别人付出一些。只是埋怨辛苦是不会出人头地的，想要达成自己的责任目标必须努力并且坚持。因此，在冬季结冰的天气下做清洁工作，虽然很辛苦，但转念一想，这就是责任，努力干吧，将辛苦化为希望。"松下幸之助本人正是靠这种多吃苦、多付出的精神才创出一番事业的，所以他当上老板之后，告诫他的员工要得到晋升就要有吃苦耐劳、勤于付出的精神。

著名的推销商比尔·波特出生时，因难产导致大脑患上了神经系统瘫痪，这种紊乱严重影响了比尔说话、行走和对肢体的控制。专家们说他永远不能工作。

比尔受到妈妈的鼓励，开始从事推销员的工作。第一次上门推销，他反复犹豫了四次，才最终鼓足勇气摁响了门铃，但开门的人对比尔推销的产品并不感兴趣。接着第二家、第三家……他继续一遍一遍地去敲开其他人的家门，直到找到对产品感兴趣的顾客。

几十年来，连系鞋带、扣衬衫扣子都要别人帮忙的比尔，不论刮风还是下雨，他都背着沉重的样品包四处奔波，那只没用的右胳膊蜷缩在身体后面。比尔几乎敲遍了自己所在地区的所有家门。当他做成一笔交易时，顾客会帮助他填写好订单，因为比尔的手几乎拿不住笔。

每天出门14小时后，比尔会筋疲力尽地回到家中，此时关节疼痛，而且偏头痛还时常折磨着他。每隔几个星期，他就打印出订货顾客的清单，因为他只有一个手指能用，这项简单的工作要用去他10小时的时间。深夜，他通常将闹钟定在4点45分，以便早点起床开始明天的工作。

一年年过去了，比尔负责的地区的家门越来越多地被他敲开，他的销售额渐渐地增加了。24年过去了，他上百万次地敲开了一扇又一扇的门，最终他成了怀特金斯公司在西部地区销售额最高的推销员，成为推销技巧最好的推销员。

怀特金斯公司对比尔的勇气和杰出的业绩进行了表彰，他第一个得到了公司主席颁发的杰出贡献奖。

成功后的比尔当被别人问到成功的秘诀时会说：“我没有什么特别的才能，我只是能够拼命干活来挣得面包。”他的成功更是对工作全力以赴的结果，相比较某些一味地抱怨的人，他们也希望到达成功的巅峰，可他们不希望越过那些艰难的阶梯，他们也希望赢得胜利，却不愿意为此付出艰辛。

如果你想让自己取得更大的成功，你必须不断地努力奋斗，并刻苦训练自己的专业技能，同时应该把一个问题在心中问上好几遍：“我付出得够多吗？”

第8章 不找借口，敢于承担责任

改造自己，总比禁止别人来得难。

——鲁迅

一流员工找方法，末流员工找借口

无论在生活中还是在工作中，借口无处不在，我们从开始的内疚、畏惧到慢慢习惯，再到麻木。

有人说："我年纪大了，折腾不起了。"

也有人说："我学历太低，一辈子只能混日子了。"

还有人说："我没成功是因为我出身不好，这年头，有个好爸爸比什么都重要。"

但是如果你对某些成功人士稍作了解，会发现上面种种说法都只是自找借口。贝瑞特60岁才当上英特尔公司的总裁；里根73岁还参加总统竞选；从小没念过书的洛克菲勒，到15岁才花了40美元在福尔索姆商业学院克利夫兰分校就读三个月；比尔·盖茨只是一名大学辍学生。真正的成功者也没有多少"富二代"，张朝阳、卢俊雄、松下幸之助、李嘉诚……他们可都是在一穷二白的情况下白手起家的。

一流员工找方法，末流员工找借口。找方法的员工，是单位里最受欢迎的员工。一流的员工哪怕遇到再棘手的问题，首先想到的绝对不是退缩，而是想办法解决。与之相反，末流的员工，尽管面临的问题很简单，但仍然找借口不做，找理由为自己辩护。

美国惠普公司的一个实验室致力于研究示波器技术。不久之前，惠普实验室招募了一位名叫查克·豪斯的工程师，此人不仅聪明伶俐，而且工作积极努力，态度认真。当时他正在研制一种显示监视器，但突然接到上司通知，要求他放弃这个研制计划。

在一般人看来，这没有什么好坚持的。遇到类似情况的员工，即便再对自己的项目充满信心，也不敢轻易向老板反映实情。而查克·豪斯成了例外。

查克·豪斯抓紧时间弄好了模型——他准备用行动说服老板。此外，在他去加利福尼亚度假时，他沿途向顾客展示了这种显示监视器的模型。他想要知道顾客的意见，渴望了解他人对模型的看法，更希望有人可以向他提出改进的建议。结果顾客们试用产品后都反映很不错，这更促使他继续研制这种产品的决心。

回到惠普公司实验室后，老板再次要求他停止这项工作。在豪斯的苦苦相劝、陈述利弊之下，老板最终答应把这种监视器投入生产。令人称奇的是，当这种新型的监视器投入市场后，销售量达到了17000台，为公司赚了3500万美元。

两年后，在惠普公司的一次工程师表彰大会上，老板给查克·豪斯颁发了一枚奖章，奖励他是“超乎工程师的正常职责范围，表现出异乎寻常的对上级指示的藐视”。

即便是遭到了查克·豪斯的反对，惠普公司老板依旧选择了对他的升迁任命。因为老板知道，只有一个不为自己的行为找借口的员工，才真正算得上是一名一流员工，才能够在事情出现时担起责任，发现产品弊端时作出改进，用行动对老板进行说服，而不是用借口对待。

借口是无底黑洞，它慢慢吞噬你积极的心态和行为。作为员工，借口会越来越好找，会让你成为一根在公司混的老油条，借口会让你忘掉自己的责任，丢掉旺盛的上进心，怠慢对公司的忠诚，最后毫无斗志的你将变成职场的胆小鬼，牢牢地被压在困难的五指山下。

找借口的人，是不会主动想办法解决问题的，哪怕有现成的办法摆在他面前，他也难以接受。这就是一流员工与末流员工的根本区别。

拿破仑·希尔最要好的朋友是个非常有名的管理顾问，现在一走进这位管理顾问的办公室，马上就会觉得自己“高高在上”。办公室内各种豪华的装饰、考究的地毯、忙进忙出的人潮以及知名的顾客名单都在告诉你，希尔这个朋友的公司的确成就非凡。

但是，就在这家鼎鼎有名的公司背后，藏着无数的辛酸血泪。拿破仑·希尔的朋友在创业之初的头6个月就把10年的积蓄用得一干二净，一连几个月都以办公室为家，因为朋友付不起房租。这个朋友婉拒过无数好的工作——因为坚持实现自己的理想，这个朋友曾经被顾客拒绝过上百次，但拒绝他的和欢迎他的客户几乎一样多。

就在整整7年的艰苦挣扎中，拿破仑·希尔却没有听他说过一句怨言，这个朋友反而对他说：“我还在学习啊。这是一种无形的、捉摸不定的生意竞争，很激烈，实在不好做。但不管怎样，我还是要继续学下去。”他真的做到了，而且做得轰轰烈烈。

只有像拿破仑·希尔的朋友这样，在对工作认真负责，不为挫折和拒绝找借口，而是通过学习解决问题，才能最终成为出色的员工。作为一名员工，积极负责做到一流，才能在日后的人生道路上有所成就。

拿破仑·希尔说过：“千万不要把失败的责任推给你的命运，要仔细研究失败的实例。如果你失败了，那么继续学习吧，可能是你的修养或火候还不够的缘故。你要知道，世界上有无数人，一辈子浑浑噩噩，碌碌无为，他们对自己一生平庸的解释不外是‘运气不好’、‘命运坎坷’、‘好运未到’。”

停下来，不要加入“借口大军”的队伍之中，因为寻找借口的人永远得不到他想要的任何东西！我们要把“没有任何借口”融入生活，来强化对“绝不找借口”的理解。

任何借口，都是推卸责任的托词

当我们一旦不负责任或不想做某事的时候，会说“这段时间我很忙”，或者“我不知道怎么做”；当我们逃避责任的时候，会说“这和我无关”……人天生就有趋利避害的本能，这些借口恰好迎合了人的这种本能，而且像罂粟果一样让人成瘾，成为难以驱除的顽疾。

找借口是不愿承担或多承担责任，逃避问题。我们就算躲在借口背后，暂时获得了舒适与安全，可它却可以给我们留下永久的遗憾与悔恨。下面这个故事中的老人就为自己曾经的借口不安了一生。

海默先生在他65岁退休时，有一份丰厚的退休金及社会保险金，然而他却并不快乐。当他参加完退休典礼后说："我在公司里待了这么多年，就像刚才本杰明先生（该公司的董事长）所说的那样，可谓劳苦功高。今天晚上我光荣退休了，本该是一个值得纪念的日子，但我觉得这是我一生中最悲伤的夜晚。"

海默先生浅浅地喝了一口酒，陷入了痛苦的回忆中，"你们不知道，本杰明先生和我一起进入公司，但他很上进，节节升迁，我却不然。我以前总认为本杰明先生并不比我聪明多少，他只是不怕吃苦，经得起磨炼，能完全投入工作，而我没有做到这一点。"

"其实公司内外有很多机会，我抓住了都可能获得晋升。比如有一次，公司想派我到西部去掌管分公司，但是我自己因为感到有困难而拒绝了。每当这种绝好的机会到来时，我总是能找到一些借口来推脱掉。现在，我退休了，一切都已经过去了，我什么也没有得到，真是往事不堪回首啊！"

在海默先生的一生中，他一直游移不定，没有明确的方向。他惧怕真正地面对生活，害怕挺身而出，害怕承担责任，总是找借口来搪塞工作，结果到工作生涯结束时也毫无成就可言。

职场中，很多人像海默先生一样，因为畏惧、爱找借口，他们一般不愿意接受任何有挑战性的工作，整天做一些单调简单的日常工作，也就决定了他们很难有所成就。

任何借口只会损耗我们的能量，对我们的工作没有什么积极作用。如果在工作中以某种借口为自己的过错和应负的责任开脱，可能第一次你会沉浸在借口为自己带来的暂时的舒适和安逸之中而不自知。但是，这种借口所带来的“好处”会让你第二次、第三次为自己去寻找借口。不幸的是，这很可能就会让你形成一种寻找借口的习惯。

一旦我们习惯了找借口，责任心也就慢慢地烟消云散了。所以，在工作中我们要杜绝任何借口。具体该怎么做，下面几条意见可供你参考。

1．热爱你的公司和产品

利用每一次机会，表现出你对公司及其产品的兴趣和热情，不论是在工作时间，还是在下班后；不论是对公司员工，还是对客户及朋友。当你向别人传播你对公司的兴趣和热情时，别人也会从你身上体会到你的自信及对公司的信心。没有人喜欢与悲观厌世的人打交道，同样，公司也不愿让对公司的发展悲观失望或无动于衷的人担任重要的工作。

2．工作时间避免闲谈。

在公司，并不是每个人都很清楚你当前的工作任务和工作效率，所以闲谈只能让人感觉你很懒散或很不重视工作。另外，闲谈也会影响他人的工作，引起别人的反感。你也不要做任何与工作无关的事情，如听音乐、看报纸等。如果你没有事做，可以看看本专业的相关书籍，查找一下最新专业资料等。

一般来说，人们对自己说的话中有75%～80%都是消极悲观的，当你知道这个情况后，每天都写一条信息，例如“我喜欢我自己”，或者“我能产生重要影响”，或者“我是一个有自我责任感的人”，或者“我每天都对自己作出的决定负责”，这难道不是很好的事情吗？

通过使用积极的自我暗示，可以让你拒绝抱怨，远离借口。比如，在你的办公室里贴上一张宣言，上面写着：“我每天用积极乐观的态度对待遇到的每一个人。”这样难道不是很有用吗？这样坚持一段时间，你会发现这样做的作用很大，你的人生将从此改变。

聚焦“如何”，而不是“如果”

一些人不去考虑怎样对待已经出现的问题，而是强调“如果……我就不会出现问题了”。假设不能代表现实，无论是懊恼悔恨，还是逃避责任，都不能解决任何问题。

“如果不是别人给我设置某种障碍，我一定会顺利完成的。”

“如果不是天气的原因，我一定不会闯红灯的。”

“如果不是客户太挑剔，我一定不会发火的。”

“如果不是经理没布置清楚，我一定会干得很出色的。”

如果不是因为别人的原因，你一定不会有问题的。不论这种原因是主观的还是客观的，总之，你没做好的原因绝对不在于你自己。难道，这不是你在找推卸责任的理由吗？

蒋一彤到百色田林扫墓时，在当地购买了一些八渡笋，通过某快递公司发往防城港，可是当购买的物品送到她的单位时，蒋一彤发现装货的纸箱是湿的。为此，快递员建议她先别签收，现场拆箱验货。蒋一彤打开纸箱后发现里面的玻璃瓶全都碎了，快递员建议她发回始发站某快递公司田林站处理。

但是随后不久，蒋一彤在网上查询记录时却发现状态显示为“本人签收”。对此她十分不理解，遂打电话向该快递公司防城港站询问，结果工作人员告知她货物还在那里没发出去，而“本人签收”的记录则是“新员工刚来，不懂情况”，所以搞错了，另外收货单据也不见了。如今该快递公司两个收发站之间互相推脱。

在投诉到快递总公司后，总公司极为重视，找到相关责任人，对出现问题的快递员进行了罚款处罚，对公司两个收发站的主要负责人提出了口头批评。

快递员不能够因为自己是新来的，就把相关责任推卸掉。言下之意就是说，“如果我不是新来的，就不会出现这种情况，所以您既往不咎吧。”把出现的问题归咎于某种假设，“如果……，我就不会出现问题了”。在很多领导者看来，这根本不能构成出错的理由。

不过还是会有一些人把它抛出来，这在某种程度上可以看成是这个人有良好的愿望和意图，但是由于对整个行为的分析不够充分，导致某个环节出现了问题。这种假设也仅仅是假设，并不能掩盖已经出现的问题。因为这个理由不会减轻你所要承担的责任，更不会让你把责任推卸掉。

“如果”是一种假设、虚拟的，只是一种想象，多半不能实现。相反，那些考虑“如何”的人会很有效率地解决问题，因为他知道在困难之中总可以找到价值。他不把时间浪费在没有助益的“如果”上，而立刻去思量具有创造性的“如何”。他排除有破坏力的想法，而运用有建设效果的想法。而且他永不放弃，无论如何，他也不放弃。请你相信我。如果今天世界上有更多只考虑“如何”的人，你想想看我们会做出多少事来？

没有解决实质问题而是在“如果”和对错误的疑问中纠缠不清，遇到困难和问题，把注意力放在“如果”上面是解决不了任何问题的。只有把“如何”替换了我们脑子中的“如果”，我们的工作才能蒸蒸日上。

在工作中，把注意力放在“如果”上面是解决不了任何问题的。主动的员工到了关键时刻，首先要想到“如何”二字，即如何摆脱困境，如何从失败中奋起，如何解决自己面临的问题。

总之，在遇到失败和挫折时，“如果”的设想和借口没有用，“如何”的回答才能解决问题。只要多想想“如何”去做，而不是纠缠于“如果”式的各种借口中，克服困难，走出失败，就大有希望。

不是想赢，而是一定赢

“不是想赢，而是一定赢”的心态，是指对他人的承诺，在限定时间内给出一个结果。它不是交差，而是要完成任务；不是做事，而是要创造价值。

一个员工有没有追求一定赢的精神，工作状态会截然不同。有结果意识的，会寻求任务、创造任务、分享任务、下达任务、执行任务、完成任务；没有结果意识的，那就是推卸责任、制造麻烦、拖延时间、不了了之。

瓦格纳为通用汽车公司服务了30年。当他47岁成为当时世界最大企业的CEO时，外界用汽车界的“金童”来称呼他。与底特律另外两大公司（福特和克莱斯勒）现任CEO不同的是，他是从底层一步步走向了领导者的位置。

瓦格纳对于自己锁定的结果，不是“想要”，而是抱定了“一定要”的决心。在瓦格纳走马上任的前4年，通用汽车取得了不错的业绩：尽管市场份额持续下降，但营业利润却较2001年增长了一倍。他的一系列举措，都为他赢得了好评，如聘请福特公司前任首席财务官约翰·迪瓦恩担任通用汽车公司的首席财务官；请克莱斯勒公司70高龄的退休副总裁鲍伯·鲁茨重新出山，主持通用汽车公司的全球产品设计；果断停产不再赢利的奥兹莫比尔品牌；不顾工会方面的压力，裁员3万余人；特别提出“快速行动”，把通用新产品开发推向一个新高度。通用汽车在美国市场的份额出现了20年来少有的回升，通用股价比“9·11”时期几乎上涨了1倍。

在辉煌业绩的带领下，瓦格纳在通用汽车公司的仕途可谓一帆风顺。1984年出任巴西业务的财务总监；1987年担任通用汽车公司加拿大业务副总裁；等到1992年再次回到美国时，他已经开始担任这家世界最大汽车企业的执行副总裁兼首席财务官。而那一年，瓦格纳刚刚39岁。除了汽车历史上的传奇人物——斯隆，瓦格纳在仕途上的成功超越了所有前辈。

瓦格纳一心想要成功，正是这个“一定赢”的心态促使着他积极想办法获得成功。优秀的员工一定是对结果负责的员工，他们关注结果，并想尽一切办法获得结果。他们只关心结果。主动的员工也一定会树立在“日落之前”完成工作的心态。

在职场中，结果是检验优劣的标准，是证明能力的尺度。一个员工是否优秀，关键要看他所创造的结果。一个企业要赢得核心竞争力，要的也是结果，而结果要靠员工的努力来实现。

国外名主持人们腰缠万贯，几乎就是一档节目全部的价值，以主持人为中心的节目制作模式，令中国同行们艳羡不已。用汪涵的话说，“我就是湖南台的一个职工”。在当年的“职工”氛围里，几乎没有任何商演机会，“没人认识你”。

魏文彬是当时湖南台的台长，他对湖南卫视的主持人说：“我希望以后我在前面开桑塔纳，后面跟着的主持人都开奔驰、宝马。”

必赢的电视改革决心使湖南卫视大胆地开始“除旧立新”的电视改革历程。

魏文彬将湖南卫视定位在“娱乐化”——避开了意识形态的麻烦，进入了一个电视媒体的蓝海市场。彼时中国的综艺节目并不发达，老套的节目比比皆是，与今天的百花齐放相比，完全是蛮荒格局。可是，湖南台的挑战之一仍然来自“舆论的尺度”。比如中国台湾同行的综艺节目就是汪涵闭门研习的对象，但得出的结论却是“还得本土化”，像吴宗宪那样的主持风格在大陆完全没有播出的可能性。于是湖南台对大陆受众喜闻乐见的娱乐化进行探索，也是国内省台中最早的摸索。

魏文彬在短短的几年时间，就把湖南电视台打造成为全国的名台之一，《快乐大本营》、《乡村发现》、《玫瑰之约》、《真情》、《新青年》等知名栏目赢得了全国观众的好评。

魏文彬本着对观众负责和对主持人负责的态度，带领湖南卫视走出了一条“除旧立新”的电视发展新道路。现在，湖南卫视的崛起之路恰巧可以用前福特汽车公司总裁艾柯卡的一句话来解释——“因为我从来没想过自己做不到，大家都想参与，但都是抱着‘想赢’的心态，而我却告诉自己‘一定赢’，所以我就做到了。”

工作中很多人有成功的愿望，但愿望和信念不一样。愿望只是静态的，“我希望成功，希望富有，希望很有成就……”；而信念则是动态的，“我要赢得成功，赢得财富，获得成就……”。一个拥有信念的人，一直努力坚持，用自己最大的努力向成功迈进。那么我们怎样树立赢的信念呢？

1．赢不应该只建立在欲望上，而必须要建立在坚实的基础之上。在现实的基础上树立赢的观念，我们才能有更足的底气，否则赢只是一个空中楼阁。

2．赢在技能。技能是我们赢的一个根基。这是一个竞争激烈的社会，要想在工作中获得认可，赢得漂亮的业绩，必须有扎实的工作技能，在自己熟悉的流程中要不打折扣，这样才能应对突发事件，也才能一步步获得好的成绩。

医治借口，补齐能力短板

管理学中有个木桶原理：一只沿口不齐的木桶，盛水的多少，不在于木桶上最长的那块木板，而取决于最短的那块木板。要想提高水桶的整体容量，不是去加长最长的那块木板，而是要下工夫补长最短的木板。补长了短板，才能盛下更多的水。

能力和努力是决定命运的两把钥匙。如果我们医治好“找借口”的毛病，用努力来补齐“能力短板”，那么我们将在职场中无往不胜。

老张是企业市场部的主任，为人不错，对下属也比较温和、有耐心。部门同事对他的评价都不错。

但是个人能力比较强的老张却明显有自己的短板：虽然看起来老实、善良，但是他有时候也会倔得像头驴。老张与王主任不和，在单位可谓人尽皆知。“年轻有为”的王主任，极尽能事，颇得大领导欢心。单位同事，虽然也有些人看不惯他的作风，但看在他是领导身边红人的份儿上，基本上对他也比较客气。

老张与王主任也一度是“井水不犯河水”。可是，2008年评定高级职称时，老张再次落榜，而王主任却破格被评上。一般而言，获得中级职称5年后才有评定高级职称的资格，由于单位资深人士太多，而名额又有限，所以竞争也很激烈。连续3年落榜的老张，对提前一年“晋级”的王主任发飙了，当场摔东西要辞职走人。

老张的意气用事刚好迎合了王主任的心思，原本对他俩紧张关系头痛不已的领导也寻到了可以下的台阶，于是，老张真的成了打包走人的那位。

虽然老张的个人能力很强，但是在人际关系的处理上却存在明显的短板。但是，他并没有针对自己紧张的人际关系进行调整，最终使自己“出局”。

明知短板存在却不知改进，这本身就是一种对自己不负责任的行为，一个不能对自己负责的人又怎么能够担负起企业责任？很多时候，我们知道自己的弱点和薄弱的地方，但有时候总是希望得到命运之神的眷顾，不希望暴露这些弱点。正确的做法是补长自己的能力短板，把差距缩小，缺哪块补哪块。

一个人想要保持竞争优势，就要看他是否能突破薄弱环节，能否拉长自己的能力短板。当面对自己的缺点和不足时，有些人从没察觉到，有些人虽然有所察觉，却听之任之，于是，他们永远只能原地踏步或每况愈下。只有积极主动地改变自己，提高素质，才能获得更多的成就。

皱着眉头，表情凝重，标新立异的修辞，咄咄逼人的口吻，专家一样的评论，学者一般的反问，最后引出自己的希望与思索。机敏和语言犀利显示出中央电视首位新闻评论员的智慧，他就是白岩松。

大学毕业后，白岩松来到《中国广播报》当记者。1993年，中央电视台推出《东方时空》，白岩松便跑去兼职做策划。制片人见他思维敏捷、语言犀利，便让他试试做主持人。

当时，台里规定主持人念错一个字罚50元。白岩松不是学播音出身，经常发音不准，读错字。有一个月，白岩松被罚光了工资，还倒欠几十块钱。为此，领导还对他进行了严格的批评。他并没有为自己寻找任何借口，而是通过努力来弥补劣势。

为了过普通话的难关，白岩松从字典里将一些生僻的字和多音字挑出来，注上拼音，嘴里含一颗石头，练习绕口令……白岩松终于靠自己的勤奋努力，在栏目组站稳了脚跟。两年后，他获得了“金话筒”奖。也就是在这一年，白岩松正式调入中央电视台。

对不是播音专业出身的白岩松来说，普通话不达标严重影响主持的完美效果。按常理来说，他完全可以和领导解释自己的情况，可他并没有为自己找任何借口，而是默默地通过努力来弥补自身的不足，把短板补长，最终脱颖而出，成为央视的一张“名嘴”。

一个人的职业生涯是需要多种综合能力的，只有能力均衡地发展，职业生涯才会尽可能地延长，才能避免被竞争日益激烈的社会所淘汰。

拒绝借口，让责任止于我

一个人，无论从事什么工作，无论面对什么状况都应该勇于担当，不找借口，认真履行自己的责任。失败的人寻找种种所谓的理由，不过是想通过借口原谅自己，以求得别人的同情。再完美的解释或辩解都无法掩盖犯下的错误。错了就是错了，主动承认就是了。任何理由都是于事无补的。

如果有一家公司得出一个结论，销售不好是因为俄罗斯的矿山爆炸了。你一定会觉得很荒唐，但下面这段对话相信你一定不会陌生。

营销部门经理说："最近销售做得不好，我们有一定责任，但是最主要的责任不在我们，竞争对手纷纷推出新产品，比我们的产品好，所以我们很不好做。"

研发部门经理说："我们最近推出的新产品是少，但是我们也有困难呀，预算太少！"

财务部门经理说："是，我是削减了你的预算，但是你要知道，公司的成本在上升，我们当然没有多少钱。"

这时，采购部门经理说："我们的采购成本是上升了10%，为什么，你们知道吗？俄罗斯一个生产铬的矿山爆炸了，导致不锈钢价格上升。"

"哦，原来如此呀，这样说，我们大家都没有多少责任了，哈哈！"

总经理说："这样说来，我只好去考核俄罗斯的矿山了！"

结果是：销售不好是因为俄罗斯的矿山爆炸了。

这样一些荒唐的事，之所以会发生在我们身边，原因就在于每个人的本性中，始终在重复着一个永恒的主题：回避责任。职场中有许多人，他们自欺欺人，善于为自己的失职寻找借口，结果搬起石头砸了自己的脚，受伤害的总是自己。

工作中不少人一旦做错了事情，或者碰到问题，遇到挫折，不是全力以赴去面对，而是千方百计地找出种种理由和借口进行搪塞，推卸责任。长此以往，因为有各种各样的借口可找，人就会疏于努力，不再想方设法争取成功，而把大量时间和精力放在如何寻找一个合适的借口上。

詹姆斯是一家商场新招聘的笔记本电脑销售员。尽管他的业务还不熟练，但他认真负责的工作态度，却赢得了大家的一致好评。

一天，詹姆斯在销售电脑时，一时疏忽，把一台价值两万元的笔记本电脑，以一万元的价格卖给了一位顾客。发现错误后，詹姆斯十分着急，一时之间不知该怎么办。有同事帮他出主意，告诉他完全可以向那位顾客追回这一万元，毕竟电脑的实际价格就是两万元。如果他不希望因为追款引起太多的事，给自己的发展造成障碍，还可以自己筹齐一万元悄悄地入账，这样就可以悄无声息地结束这件事。

对于同事的建议，詹姆斯觉得都不太妥当，他决定自己去经理那儿承认错误。同事们听了他的想法大吃一惊，异口同声地说："你疯了，詹姆斯，那样你肯定会被辞退的。"但詹姆斯心意已决，仍然坚持自己的决定。

在下班之后，詹姆斯手拿一个信封来到经理的办公室。"经理，对不起，我为我所犯下的错误感到羞愧，这一万元是我这几年省吃俭用存下来的，请您收下，希望可以弥补我给公司带来的损失。如果您要因此开除我，我没有任何怨言。"

听完詹姆斯的话，经理问："你真打算用自己的钱填补那一万元的亏空？”

“是的，经理，”詹姆斯说，“虽然我可以按照顾客留下的联系方式，找到顾客让他支付这笔钱。但是为什么要去找他呢？是我业务不熟把两种笔记本电脑的价格弄错了。这完全是我的错误，我应该对这个失误负全部的责任。”

詹姆斯勇于认错、敢于担当的精神深深感动了经理。因此经理并没有像其他人所想的那样开除詹姆斯，相反，他从这件事上看到了詹姆斯勇于负责的精神，因此在以后的工作中，他给了詹姆斯更大的发展空间。

人非圣贤，孰能无过。犯错并不可怕，关键看你以什么样的态度去对待。犯错后不愿承认的人，就是想把属于自己的过失掩饰掉，把应该自己承担的责任转嫁给社会或他人。一个人如果习惯于为自己的失职找借口，那么他就没有足够的精力和责任心去解决工作中的问题，这样做导致的最终结果还是将问题推给别人。如果以正确的态度勇敢承认错误，你将会很快获得成功。

第9章 停止抱怨，用责任推动成长

责任就是对自己要求去做的事情有一种爱。

——歌德

抱怨工作，烦的是我们自己

我们可以发现，几乎在每一个公司里，都有“牢骚族”或“抱怨族”。他们每天轮流把“枪口”指向公司里的任何一个角落，埋怨这个、批评那个。他们的眼中处处都能看到毛病，因而处处都能看到他们在发怒或听到他们的批评。

本来他们可能只是想发泄一下，但后来却变得一发不可收拾。他们理直气壮地数落别人如何对不起他们，自己如何受到不公平待遇等，牢骚越讲越多，使得他们也越来越相信，自己完全是遭受别人践踏的牺牲品。不停抱怨的“牢骚族”，他们的抱怨只会妨碍和干扰自己的阵脚，最终受害最严重的还是自己。

事实上，你很难找到一个成功人士经常大发牢骚、抱怨不停，因为成功人士都明白这样的道理：抱怨如同诅咒，越抱怨越退步。

米小为本是国内某名牌大学的毕业生，但是工作5年来，他不仅没有得到晋升，甚至在金融危机来临之际，面临着失业的厄运。是什么导致了他这样的境遇呢？

平心而论，刚进公司的米小为是个非常有竞争优势的年轻人。但是，他来到这家公司后，发现现实与自己的理想有偏差，对工作、企业都产生了抱怨的情绪。他觉得自己的学历比别人高，能力比别人强，却屈尊在小公司里，于是终日抱怨，老板、上司、同事、工作环境等，都成为他抱怨的对象。

在米小为的抱怨声中，同事们渐渐远离了他，上司也对他产生了看法。而米小为却因此而更加愤恨自己的企业，对待工作漫不经心。5年的时间下来，米小为的工作能力并没有提升多少，和同事们的关系越来越僵，上司越来越不满意他的表现。

一些人总是对自己的工作和环境抱怨不休，他们只知道享受好的工作环境，要高薪和高位，却抱着消极的态度对待自己的工作。这样的员工很难担当大任，永远不可能在自己的岗位上得到进步和发展。

任何一个人在人生的道路上，都会遇到挫折。我们要学会从挫折中吸取教训，挫折就是迈向成功的踏脚石。真正的失败是犯了错误，不知悔改，却还找各种各样的借口来为自己开脱，见人就牢骚满腹地抱怨不停。没有人会因为喋喋不休的抱怨而获得奖励和提升。当我们一味地抱怨工作时，自然不会热爱自己的工作，那么越抱怨越反感，越讨厌越不想做，最终导致工作像心情一样糟糕。

你是否能够让自己在公司中不断得到进步，这完全取决于你自己。如果你永远对现状不满，以抱怨的态度去做事，那你在公司的地位永远都不能变得更加重要，因为你根本就不能取得良好的成绩。

陈飞在一家电器公司担任市场总监，他原本是公司的生产工人。那时，公司的规模不大，只有三十多人，有许多市场等待开发，而公司又没有足够的财力和人力，每个市场只能派去一个人，陈飞被派往西部的一个市场。

陈飞在那个城市里举目无亲，吃住都成问题。没有钱坐车，他就步行去拜访客户，向客户介绍公司的电器产品。为了等待约好见面的客户，他常常顾不上吃饭。他租了一间破旧的地下室居住，晚上只要电灯一关，屋子里就有老鼠在那里“载歌载舞”。

公司提供的条件太差，远不如陈飞想象的那样。有一段时间，公司连产品宣传资料都供应不上，好在陈飞写得一手好字，自己花钱买来复印纸，用手写宣传资料。在这样艰苦的条件下，每次想抱怨时，陈飞都会对自己说：“开拓市场是我的责任，抱怨不能帮助我解决任何问题。”他选择了坚持下来。

一年后，派往各地的营销人员都回到公司，其中有很多人早已不堪忍受工作的艰辛而离职了。后来，陈飞凭着自己过硬的业绩当上了公司的市场总监。

即使在恶劣的环境下，陈飞也没有选择抱怨，对自己工作的坚持，使他在进步的阶梯上得到了飞速发展。一名员工，无论从事什么工作都应当选择不抱怨的态度，应该尽自己的最大努力去争取进步。把不抱怨的态度融入到自己的本职工作中，才能不断进步，才能得到社会的认可，受到老板的青睐。

抱怨的人很少积极想办法去解决问题，认为主动独立完成工作不是自己的责任，却将诉苦和抱怨视为理所当然。聪明的员工明白一旦被抱怨束缚，不尽心尽力，应付工作，轻者影响心情，严重者会自毁前程。如果希望改变自己的处境，希望自己能够取得不断的进步，那么首先从不抱怨自己的工作开始吧。

不再抱怨，你就可以成为强者

老板总是喜欢那些解决难题的员工，我们都希望自己成为一个最善于解决问题的员工。要实现这一点，我们首先要拒绝抱怨，思考并解决眼前的问题。事实上，当你真正开始着手解决眼前的问题时，问题并没有想象中那样棘手。

任何事物都有两面性，我们遇到的挫折、困难也是如此。面对困难，强者会迎难而上，积极应对，把问题解决，变得更强；而弱者则只会抱怨困难、被问题击倒。

亨利是美国一位身世不详的青年，他已经三十多岁了，却依然一事无成。他对自己的人生已经不抱有太高期望，整天只是对着自己的缺点唉声叹气。

某日，他的一位好友兴高采烈地对他说："亨利，我看到一份杂志，上面有一篇文章讲的是拿破仑的一个孙子流落到美国，而你和他的特征完全一样：个子很矮，讲一口带有法国口音的英语……"

亨利半信半疑，当他对那份杂志研究之后，他对自己和对周围的看法竟完全改变了。以前，他自卑自己个子矮小，而现在他欣赏自己的正是这一点："个子矮有什么关系！当年拿破仑就是以这个形象成为整个欧洲的统治者的。"过去，他总认为自己英语讲不好，而今，他以讲一口带有法国口音的英语而自豪。

每当遇到困难时，他总是这样对自己说："在拿破仑的字典里没有'难'这个字！"就这样，亨利认为自己与拿破仑长得很像，就应该比别人做得更为优秀。他克服了一个又一个困难，三年之后，他便成为一家大公司的总裁。

亨利的形象是不是与拿破仑一样，我们不得而知，但重要的是，他的经历让我们明白，以积极的态度对待工作，就能够成功！

其实生活给予每个人的都一样，有机会和挑战，也有困难与艰险，还有幸福和快乐。之所以人们从相同的生活情境中产生了不同的体验，其根源还在于人们对待生活的态度不同，而最终人们从生活中得到的东西也各不相同。

如果我们以强者的姿态、积极的态度、感恩的心态对待生活，迎接生活给予我们的一切，我们就会发现，所有的困苦和磨难都是我们成功道路上的台阶。如果没有生活给予我们的磨炼，我们就不会拥有坚强的意志、勇敢的品质和无穷的力量。

强者总是积极面对问题，把问题当成朋友而不是敌人，他们在问题和磨难中成长，变得更强。让我们改变对工作和生活抱怨的态度，积极地面对难题和困难，做一个真正的强者。这里有几个要点或许可以帮助你成为强者。

1．对自己负责

你必须承认自己应该对目前的状况负责，你就是自己生活和事业的老板。控制自己思想与情绪最有力的字眼是“我负责”。这一字眼会改善你的负面情绪，让你开始积极思考而非回应式地思考。卡内基说过，“不要为打翻的牛奶哭泣”。认识到这一点相当重要！

2．把困难当成机会

问题虽然存在，然而明天的太阳依旧会升起。你要把困难和挫败视为珍贵的教训或者改进的机会，要拒绝让问题的阴影在心中挥之不去，或是把问题归咎于你个人的无能。乐观的人习惯用积极的方式解释问题，悲观的人会为问题做负面的解释。

3．追求卓越，保持积极心态

下决心一定要把标准设定在卓越的程度，并且全力以赴。告诉你自己：“我配得上我所期待与向往的任何好事。”你和别人是一样的好，其他人可以得到的成就，你也可以得到。

4．鼓励自己坚持到底

坚持通常会给你的生活带来很大的改变，也是你对自己的价值及能力的一种肯定。

5．对问题心存感激

对问题心存感激，这种态度可以增加解决问题的回报。也就是说，当你确实对问题心存感激时，你就会得到更多值得感激的事物。一个心存感激的人会在他每天的生活当中看到美好的事物，而绝非抱怨。对问题的思考给我们带来希望，会为将来更大的成就奠定基础。

拆掉思维之墙，创新突破困境

一个人成长的经历及所受的教育，或多或少会使自身形成某种固定的思维，即惯性思维。这种思维如同立在我们思想中的一堵厚厚的墙，它支配我们的常态生活时，还似乎有某种“习惯成自然”的便利。它是一种人人皆有的思维状态，对于人的思维也有好的一面。但是，当面对创新的事物时，如若仍受其约束，就会形成对创造力的障碍。

智慧的人常常能突破自己的思维定式，勇于标新立异，反常用计，找出解决难题的方法，从而突破困境，赢得出奇的效果。我们不妨看看海尔集团的李彬经理是怎么出奇制胜的。

李彬是海尔集团西宁冷柜的产品经理。2005年10月，他得知中国移动公司西宁分公司要在2005年年底推出一个活动：存1万元手机费，送5000元话费！

移动公司的这一活动引起了李彬的浓厚兴趣：他决定要拿下这笔订单！

你看得也许有点糊涂，西宁移动公司不是推出话费优惠活动吗，跟冰柜有什么关系？

但是李彬却把这件事情跟自己的工作联系了起来。

李彬了解到：西宁的经济不算发达，手机对当地人来说，是身份与地位的象征。

掌握了这些信息还远远不够，李彬又去了解了移动用户的信息：一些经济富裕的移动用户自己一年的电话费也花不到10000元，再送5000元也花不出去，就白白浪费了，所以他们这样的人对移动公司的这个活动并不感兴趣。

了解到这些信息后，李彬马上设计出了自己的方案：如果移动公司赠送的话费可以买海尔冰柜，那对于移动公司来说，活动的吸引力、可行性会更大，参与活动的移动用户会更多；而对于移动用户来说，赠送的话费不仅不会浪费掉，而且有了“意外收获”！

方案提出后，马上得到了移动公司的认可。就这样，这笔相当于西宁冷柜平均月销量两倍的大订单被拿下了！

李彬是一个具有创新头脑的人，他把两件毫不相关的事情联系在了一起，从其他行业的市场之中发现了自己的市场，从而不但提升了业绩，还使原来两个公司共有的难题变成了一个“双赢”的结果。

可在生活中，当人们面对问题时经常会出现一种思维定式而非创新。故事中的李彬，当问题出现，工作无法进行下去时，能够从另一个侧面积极思考，从而用创意抓住解决问题的关键，用自己的智慧努力为企业创造更多的效益。

法国作家贝尔纳说：“妨碍我们前进的最大障碍，并不是未知的东西，而是已知的东西。”贝弗里奇在《科学研究的艺术》一书中，对此也作了深刻而中肯的论述：“几乎在所有的问题上，人脑都有根据自己的经验、知识和偏见，而不是根据面前的佐证去进行判断的强烈倾向。因此，人们是根据当时的看法来构思新设想的。”

20岁时，乔布斯和Woz开创了苹果公司。经过十年的奋斗努力，苹果公司发展成为价值超过20亿美金的大公司。1984年，苹果的第九年，Macintosh轰动面世。

乔布斯是一个不按常理出牌的人。在创新上，他不喜欢受条条框框的约束。因此，苹果公司没有成立创新中心之类的部门，也没有专门的创新系统。苹果公司的创新体系只有三条规则。

第一，苹果产品的目标消费群是什么？如何定位目标消费群？

第二，密切关注不断涌现的新技术，掌握最新理念，与新技术开发保持同步。

第三，不断学习，善于接受新事物，富有创意及打破传统思维，抛弃过时的想法。

乔布斯把在里德学院所学的设计都融进了Macintosh。Mac是第一台是用了漂亮的印刷字体的电脑，为使用者提供了易于操作的软件。自此以后，它独特的美学风格，形成了创世纪的“苹果派”。

在技术争霸的年代，乔布斯十分重视技术创新。不过，时代改变了，技术争霸不再是重点，相反，用户体验才是竞争的关键，聪明的乔布斯顺势而为，在苹果公司的创新体系上，始终强调“客户需要”这一点。从iMac、iPod、iPhone到iPad，如果从技术创新的概念来讲，它们没有一点含金量。但这些产品却以“创意”为卖点，十分贴近消费者，让消费者爱不释手。

本着对苹果顾客负责的态度，乔布斯不断开展思维风暴，不管是在电脑还是在手机上都创造出“人无我有，人有我优”的新局面。要成为一名出色的创新人才，必须具备一流的想象力，敢于突破思维定式。苹果就是靠不断突破思维定式打下市场的。

思维定式是我们解决问题的一个障碍。要更好地解决问题，我们首先要打破思维的惯性，遇到问题时，不妨先努力思考：在常规之外，是否还存在别的方法？是否还有别的解决问题的途径？……只有这样，才能抛弃旧的思维框架，粉碎思维定式，让思维变得更加灵活多样，从而增强自己的创新能力。

与其抱怨工作，不如负责到底

世界第一CEO韦尔奇曾说：“与其抱怨，不如负责来做，所谓负责，更多的是一种工作态度，一种被社会现实打磨出来的直面现实的积极心态。”勇于负责的精神比黄金更珍贵。古往今来，人们都喜欢勇于负责的人。一个普通的员工，一旦将工作中的消极态度转化为积极态度，并且具备了勇于负责的精神，他的能力就能够得到充分的发挥，他的潜力便能够不断地得到挖掘。

而抱怨的破坏力是巨大的，几乎可以摧毁一个人的前程，因为习惯抱怨的人总是疏忽自己的岗位责任！如果我们放弃了自己应当承担的责任，或者蔑视自身的责任，就等于在可以自由通行的路上自设路障，摔跤绊倒的也只能是自己。

索尼的笔记本电脑曾经因为设计精巧而在市场上很畅销。三星公司为了与索尼公司的经典产品一较高下，决心开发出比索尼产品更轻更薄的新款笔记本电脑。

于是，三星高层要求研发人员按照比索尼公司同类产品“至少薄1厘米”的高标准来设计。这在当时看来，几乎是一个不可能完成的任务，但三星的研发人员经过多次实验，实现了这个看似不可能完成的任务。

当时主攻技术创新的陈大济，带领研发团队接手了这项艰巨的任务。当初，也正是全球经济不景气，其他企业纷纷缩减研发经费之际，陈大济和研发人员勇敢地承担起责任，并没有因为“这是不可能完成的任务”而放弃努力。因为他们知道，如果实现不了比索尼产品“至少薄1厘米”的要求，三星笔记本电脑就不会超过索尼，就不可能有三星的壮大！对结果负责，对公司的责任感，让三星的研发人员不断克服技术难题，成功地实现了在别人看来不可能完成的任务。

当计算机公司戴尔看到三星的这些产品后大吃一惊，便赶紧派人到三星采购。为此，三星顺利地从戴尔手中得到了160亿美元的采购合约，使三星成为全球高端笔记本最大的企业之一。

太多的牢骚只能证明你缺乏能力，无法解决问题，抱怨从来就不是工作的正确方法。要想做好自己的工作，必须首先抛弃自己的抱怨心态，变消极为积极，对自己的工作负责。好好地对工作负责，你就会发现自己是最大的赢家。

一个人抛弃了抱怨的心态，对工作尽职尽责，才会发掘出自身的潜力，取得优异的业绩。而消极对待工作的人，纵然才华横溢，也会逐渐流于平庸。所以，无论你拥有什么样的抱怨情绪，都应该在自己的工作岗位上担负起自己的责任，把工作做得尽善尽美。

邵开成在江苏省常州市公交集团公司工作，他的工作简单而枯燥，每天跑着重复的路，干着重复的事。可正是在这平凡的岗位上，他向人们展现了一个优秀劳动者的不平凡。

邵开成能抓住细微之处为乘客提供服务，在当年没有空调的公交车里，因为看到车厢里一位满头大汗、用衣服扇风的乘客，第二天就有了便民扇；刚刚入冬，因为通过后视镜发现握在车内不锈钢拉杆上的手少了，第二天，一层绒布就包裹到了不锈钢拉杆上。邵开成每次跑夜班车，总会在纺织厂门口等一等，看一看，生怕谁赶不上末班车。

邵开成利用公休日察看沿线街道、工厂、学校、商店、名胜古迹分布情况，为乘客选择合适的下车站点。为了服务更多的乘客，他还学习了服务英语、哑语。通过认真的实践和总结，一套邵氏服务法逐渐形成。这就是“四多”、“四个一样”、“等、扶、喊”服务法。

“四多”，即多说一句、多看几眼、多想一点，多体贴一点；“四个一样”，即不论乘客态度好坏，服务态度一个样；不论车上人多人少，规范操作一个样；不论车辆运行正常与否，服务质量一个样；不论情绪好坏，服务要求一个样；“等、扶、喊”，就是起步前看看有没有赶来的乘客，有就等一等，有腿脚不灵便的乘客坐车，等他们坐稳后再开车；遇到那些年龄大、行动不便的老年乘客乘车时，走出驾驶室把他们扶上车并帮助落实好座位；再有就是遇到情况，利用送话器喊一声，委托其他乘客帮助照顾一下“老、幼、病、残、孕”。

邵开成凭借着他认真负责的工作态度，把车厢建成乘客的“温馨家园”，将温馨送到每一位乘客的身边。

邵开成在自己的岗位上做出了骄人的成绩，主要得益于他对工作的负责态度：认真对待工作中的每个细节！只有负责做好工作中的每个细节，才能真正做好一件事。

在大多数情况下，许多人都只是抱怨自己的工作环境，不愿意对自己的工作负责。在工作的过程中，他们假装不知道有责任和任务的存在，当工作出现了糟糕的局面后，便推说自己并不知道有关的任务或责任，以此来推卸责任。然而，世界上很少有报酬丰厚却不需要承担任何责任的便宜事。当责任从前门进来，你却自后门溜走，你失去的可是伴随责任而来的机会！

身在职场，如果你是聪明的，如果你真正想让自己在职场中青云直上，那么，就要化消极为积极，要勇于对自己的工作负责！

生气不如争气，抱怨不如抱负

人生不如意事十之八九，如果遇上不顺心的事情，不积极去解决，而是沉溺于生气、埋怨，生活就会一直停滞在不顺之中。与其抱怨，不如将怨气转化为志气、化抱怨为抱负，用超然豁达的心态去面对一切，这样迎来的将是另一番新的景象。

在职场上，许多人虽有远大的理想，却因为种种原因无法实现，满腹怨言无处倾诉，但如果能把怨气化为志气，努力奋斗，就能成就自己的事业。

肯德基的创始人哈兰·山德士，6岁丧父后，母亲外出工作，小小年纪的哈兰就要照顾3岁的弟弟及尚在襁褓中的妹妹。他10岁到农场打工，赚取每月两美元的酬劳养家。他什么工作都做过，包括售卖车票、轮胎、保险，还驾驶过蒸汽船。

哈兰经过10年的钻研，调配出一道独特单方——以11种香草和香料混合的腌料。后来，哈兰遂迁往加油站附近的餐厅开展他的饮食生意。为了配合旅客短促的逗留时间，率先采用能缩短鸡块烹煮时间的压力锅，以最短的时间生产最大量的炸鸡。1935年，他被肯塔基州州长授衔上校，以表扬他对肯塔基州饮食界所作出的贡献。

第二次世界大战的爆发令餐厅关门。战争结束后，餐厅虽然重开，但一条横跨科尔宾的州际公路粉碎了哈兰东山再起的美梦。旅客都使用州际公路了，根本不会经过他的餐厅，生意一落千丈，哈兰不得不拍卖掉所有财产来还债。

当时已62岁的他带着仅剩的资产：一张炸鸡秘方、一个压力锅，驾着老爷车穿州过省从头干起。他逐间餐厅兜售自己的配方："尝尝我的炸鸡吧，要是你喜欢，我可以把调味料卖给你，条件只是你每卖出一块鸡，需要分我4美分。"放下自尊，顶着失败的创痛，拖着年迈的身体，每天重复地说着同一番话，可不是每个人都挨得住。终于，第一间被授权经营的肯德基餐厅在盐湖城成立了。至1964年，经哈兰游说成功的特许经营店已达600

间，并遍及美国、加拿大，那年他已经74岁。

哈兰面对事业的低谷，并没有怨天尤人，而是努力重新开始，最终让肯德基名扬全球。抱怨无法改变现状，拼搏才能带来希望。既然抱怨所得到的总是与自己的初衷背道而驰，就不如彻底摒弃抱怨，进而变怨气为志气，化抱怨为抱负，将平凡的生活过得不平凡，将简单的事情做得不简单，以无愧于我们美丽而又短暂的人生。

生气并不能给你的工作以任何实质性的帮助或指导，在工作当中，怨气只能是事业发展的阻力，将怨气转化为志气，才能成为助推事业发展的动力。在面对坎坷的时候，要将自己的抱怨化为抱负，以重新来过的志气和勇气投入工作，一定能获得成功。

许多年前，史坦雷先生还是一位16岁的年轻人，他在一家著名的五金公司当一名小店员，他希望能通过自己脚踏实地的工作，使自己步步高升。所以他做起事来，永远抱着学习的态度，处处小心留意，想把工作做得十分完美。他希望能够获得经理的赏识，谁知经理对他的印象却恰好相反。

有一天，他被唤进经理室遭到了一顿训斥，经理告诉他说："老实说，你这种人根本不配做生意。但你的臂力健硕无比，我劝你还是到钢铁厂当一名工人去吧，那种活不需要大脑！我这里用不着你了。"

"是的，经理。"他说，"你当然有权将我辞退，但你无法消磨我的意志。你说我无用，当然，你也有你的自由，但这并不减损我丝毫的能力。看着吧！迟早我要开一家公司，规模比你的大十倍。”

从此他借着这次受辱的激励，努力上进，几年后，果然有了惊人的成就。

唯有用实力才能证明自己的价值，去抱怨别人、抱怨环境又有什么作用呢？人人都有怨气，但并不是人人都能将怨气转化为志气。当我们在职场上遭遇不公或挫折时，不要抱怨，主动在困境中寻找机遇，你也可以成功。

如果你对工作依然存在着抱怨、消极和斤斤计较，把工作看成是苦役，那么，你对工作的热情和创造力就无法被最大限度地激发出来，你的工作将永远流于平庸。与其怨天尤人，不如立志实干，将自己的怨气转化为提升工作的动力，相信你一定会取得你所期待的成功！

第10章 解决问题，绝不逃避责任

社会犹如一条船，每个人都要有掌舵的准备。

——易卜生

问题在哪儿，责任就在哪儿

那些有成就的人大都是解决问题的高手，他们已经培养出一种习惯，就是遇到难题马上着手进行解决，而不是拖延或推脱。随着一个个问题的妥善解决，他们也就取得了不错的工作业绩，从而一步步成就了自己。

在生活中，我们随时都可能遇到很多难题，这个时候如果自己不去解决，而是把所有的问题都推给别人，那么我们将一事无成。只有去积极地解决问题，你才有机会获得成功。那些逃避问题、推脱责任的员工永远不可能得到公司的垂爱与青睐。

有这样一个女职员。一天，她接到一个电话，马上跑到经理室说："经理，客户打电话催促发货呢！"

"噢？合同规定的交货期限到了吗？"

"还没有呢！"

经理皱了皱眉头："那你应该告诉他，我们会按合同交货的。"

"好的！"她跑了出去。可是过了一会儿，她又接到一个电话，马上来到经理室，说："对不起，经理，我还得打扰一下。南京那家客户说我们发给他的货有两箱在路途中受损，要求退货呢！"经理不耐烦地问："这种事以前是怎么处理的，知道吗？"

"知道。应该同意退货。"

“知道还来问我？”

这位女职员很不好意思。可是过了不多一会儿，她又怯怯地敲开经理室的门：“对不起，经理！我还得再打扰一下。我的电脑坏了呢！”

经理火气直冒：“什么？难道你想让我帮你修电脑？”

“不！我不是这个意思，我的意思是……”

“不管你是什么意思，这种事不要来烦我！”经理打断她的话。

其实，这位女职员想说的是，因为电脑坏了，经理要她当天完成的本季度销售报表可能不能按时上交。幸亏她没有说出来，否则经理一定会更恼火。首先，她不应该把工作拖到最后期限才完成；其次，电脑坏了不应成为不能工作的理由，她可以借别人的电脑完成工作，或采取其他办法解决这个问题，而不是把问题上交给经理。这位女职员在这家公司没干多久，很快就被辞退了。经理对她的评价是：解决问题的能力太差。

在现实中，总有一些人像上面案例中的员工那样，遇到事情不是马上去做，而是一拖再拖，以至于出现不良后果后，又推脱责任。这样的员工，是不会有什么大的发展的。他们忘记了自己的工作目的不仅仅是来拿工资报酬的，更重要的是为解决问题而来的。

美国总统杜鲁门上任后，在自己的办公桌上摆了个牌子，上面写着“The buck stops here”，翻译成中文是“问题到此为止”，意思就是说，“让自己负起责任来，不要把问题丢给别人”。把这句话引申到职场上，即让问题止于自己，不把问题留

给老板是一个人不可或缺的职业精神。

一名不把问题留给老板的员工，在面临工作中林林总总的问题时，还应当有自己的主见。面对问题，他们既不会幻想逃避，也不会犹豫不决，更不会依赖他人意见，而是敢于作出自己的判断。对于自己能够判断，而又是本职范围内的事情，他们会大胆地拿主意，“让问题到此为止”，而不是全部请示老板。

凯玛特是美国最大的日用品连锁零售商之一。企业起初从事低端的产品销售，在遭遇零售业巨头沃尔玛公司的竞争打击后乱了阵脚，于是转向经营高端百货产品，在这一领域却又不敌国际第四大零售商塔吉特（Target）的竞争，结果这家曾经是美国第三的零售业巨头在战略上迷失了方向而走向失败。

而自己企业员工在解决问题时的缓慢、磨蹭也成为加速企业破产的催化剂。

在1990年的凯玛特总结会上，一位经理认为自己犯了一个“错误”，他向坐在他身边的上司请示如何更正，问道，“如果……是不是更好些？”这位上司不知道如何回答，便向上级请示“我不知道，您看怎么办。”而上司的上司又转过身来，向他的上司请示。这样一个小小的问题，一直推到总经理帕金那里。帕金后来回忆说：“真是可笑，没有人积极思考解决问题的办法，而宁愿将问题一直推到最高领导那里。”

2002年1月22日，凯玛特正式申请破产保护。

老板聘用你，给你一个职位，给你与这个职位相应的权力，目的是为了让你完成与这个职位相应的工作，妥善及时解决工作中出现的问题，而不是听你讲关于问题长篇累牍的分析或者是一级一级向上汇报。在职场中遇到问题，一定要认真地分析，积极行动，拿出最有效的解决办法才是当务之急。

有位著名的企业家说：“员工必须停止把问题推给别人，应该学会运用自己的意志力和责任感，着手行动，处理这些问题，让自己真正承担起责任来。”记住，你永远为“解决问题”而来。

只要肯负责，方法总比问题多

当不同的人身处劣势时，通常有完全不同的表现。有一种人，只是一味抱怨自己生不逢时，有才华却毫无用武之地，抱怨天公不作美，陷自己于困顿之中。另外一种人是积极行动，面对劣势，积极思考，用灵活的思维、巧妙的办法解决问题。

与之相对应，两种表现也会产生两种截然不同的结果：一味抱怨的人仍在抱怨，因为他仍旧身处劣势而没有丝毫变化；积极行动的人则会开怀一笑，因为他已经用智慧与行动化解了困难，甚至会将劣势转化为优势。

其实，只要肯负责，人人都能成为寻找方法解决问题的优秀员工。

有一次，英国一家足球生产厂接到了一份“莫名其妙”的控诉，可以说这是一场突如其来的危机。

一天，在英国麦克斯亚郡的法庭上，一位中年妇女声泪俱下，面对法官，严词指责丈夫有了外遇，要求和丈夫离婚。她对法官控诉了自己的丈夫，指责他不论白天还是黑夜，都要去运动场与那“第三者”见面。法官问这位中年妇女：“你丈夫的‘第三者’是谁？”她大声地回答：“‘第三者’就是臭名远扬、家喻户晓的足球。”

面对这种情况，法官啼笑皆非，不知如何是好，只得劝这位中年妇女说：“足球不是人，你要告也只能去控告生产足球的厂家。”不料，这位中年妇女果真向法院控告了一年可生产20万只足球的足球生产厂。

这家被人控告到法庭上的足球生产厂在接到法院的传票后，不怒反喜，竟十分爽快地出庭，并主动提出愿意出资10万英镑作为这位中年妇女的孤独赔偿费。这位太太喜出望外、破涕为笑，在法庭上大获全胜。而足球生产厂也因此名声大振，闻名遐迩。

这位足球生产厂厂长在接受记者采访时说：“这位太太与其丈夫闹离婚，正说明我们厂生产的足球魅力之大，并且她的控词为我厂做了一次绝妙的广告。”后来，这家足球生产厂的产品销量因此直线上升，成为同行中的“领头羊”。

被告上法庭，是每一个企业都比较头痛的问题，更不用说是如此“无厘头”的原因。处于劣势的足球生产厂却没有放掉这个让劣势变优势的机会，运用超常的智慧积极地促成它们的转化，让人对这起案子“津津乐道”之时也将这家足球生产厂深深地记在了心里。

智慧的人总能将自己的“劣势”转化为“优势”，优秀的员工往往能从危机中寻找改变困境的机遇，在失利中寻找契机，从而使自己反败为胜。只要思路再灵活一些、方法再得当一些，遇上的麻烦可能会带给你展现自己和企业的机会。

米娜是典型的80后女生，所学的专业是文秘，毕业后在一家广告公司任办公室内勤的职务。由于这家广告公司的效益非常好，工资待遇非常不错，所以她很珍惜这份来之不易的好工作。内勤工作虽然烦琐，但并不能说这是一项难度系数很高的工作。连米娜自己都认为自己的工作没啥难的，无非就是买买东西，传达传达文件和领导指示，处理一些办公室内务而已。可就是这样一份没啥难度的工作，米娜竟然没能胜任，试用期没到就被解雇了。

为什么呢？因为任何一项任务，她从来都没有独立顺利地解决过，大至文件的传达，会议时间地点的安排，小至办公用品的购置，她都惹得矛盾四起。

单位刚搬进新的写字楼，主管安排她去买些新的垃圾桶。“要买几个？什么价位的？旧的垃圾桶如何处理？如何分配？”这些问题弄得米娜头皮发麻，为了万无一失，她进进出出请示主管好多趟，最后确定了方案。

看起来似乎不存在什么问题，可是最后在垃圾桶的分配和使用上，竟然弄得天下大乱。广告公司业务员女孩子居多，大家都想用漂亮的新垃圾桶，可是米娜竟然没有一个合理有力的分配方案，她不知如何是好，旧垃圾桶给谁得罪谁，结果她成了众矢之的。为了旧垃圾桶的分配她再次向主管请示，主管面无表情地告诉她："为了买垃圾桶这样一件小事，我一上午接见了你五次！你明天不用来上班了。"

在职场上，我们每天都面临林林总总的问题。直面问题，敢于负责，寻找解决问题的思路，把问题在自己手中解决，那你就是好员工，就大有前途。否则，你根本无法在职场上立足。

工作中，劣势与优势是可以相互转化的。任何资源都有价值，关键在于如何利用它们。豆浆稀了可以做成豆奶，稠了就把它做成豆腐，豆腐时间久了还可以做成可口的豆腐乳。善用物者无弃物，善用人者无废人。转变思想，废物就能变成宝了。

虽然每个人都希望成功，但只有那些勇于开拓思路、积极寻找方法，谋得有利于发展资源的人，才能成就大业。

克服畏惧，不做甩手掌柜

任何事情都不会一帆风顺，工作也是如此，当我们在工作中遇到困难，或者是接受新的任务时，总是习惯性因畏难而逃避难题。事实上，无论什么样的难题，最终都有解决的办法。工作中，我们不要因为畏惧而当"甩手掌柜"，只要我们积极想办法，问题一定能够解决，工作也一定有方法。

王路是一家大型公司的工程部经理。一次，他的上司安排他去处理一项难缠的事件——公司的一桩工程引发的公司与当地居民的纠纷。本来，这些事务并不在他的职责范围之内，但公司一时找不到合适的人选，总裁认为他能言善辩又极懂周旋，便让他暂时放下手中的工作，到外地与分公司的几位负责人共同协商，妥善处理这件对公司业务发展至关重要的事务。

到了当地之后，王路觉得这本不是自己要负责的事情，万一做不好搞砸了，还不如直接干做“领导”，不屑于与分公司的几位负责人积极协商、共同处理。由于分公司的员工没有领会公司妥善处理的意见，采用强硬态度对待，与当地民众发生了尖锐的冲突。

当总裁责怪他把事情办砸时，他因怕影响到自己以后的升职和加薪，便把责任统统地推到分公司的几位负责人身上。当总裁对事情进行了一番详细的调查，了解到事情的全部过程后，知道后果如此之严重根本就在于他并未进行干预，也没有把公司处理态度传达明确，便把他责罚了一顿，并因此对他的人品和能力提出了质疑。

时隔不久，王路又因为公司工程上的一些业务需要与分公司的另外几位负责人进行合作，畏首畏尾，致使业务受挫，他不得不引咎辞职，离开了这家极有发展潜力的公司。

由于畏惧背负把事情办砸了的责任后果，在分公司处理问题时，采取置之不理的态度，在出现问题时还诿过于同事，结果给自己带来了麻烦。在老板发现事情的真相后，王路被老板认为是缺乏责任心，最终他只有选择黯然离开。

其实所有的问题和困难，都不能构成我们逃避责任的借口。想办法清除前进路上的障碍，才是我们解决工作中难题的关键所在。

我们不能否认，在工作中总会遇到许多困难，它们就像巨石横亘在工作的路上，令我们的工作难以开展。这个时候，我们不要轻易地说“不干了”。相信只要运用自己的聪明才智，工作就一定有方法，就肯定可以成功解决这些难题，让工作顺利开展下去。

一天，主管把张扬和万方两个新员工一起叫到办公室，介绍说公司想发展一项新业务，搞公务员考试培训，现在需要联系有关专家来讲课，你们两个是刚毕业的学生，看看手头有没有这方面的资源，帮着联系一下。

小万听了，很激动，他认为这是个锻炼和展示自己能力的机会，没准儿以后自己还可以负责这块业务呢。不错，我一定要完成。小张则不同了，他根本不当回事，心想，这种事情，老板关系网大着呢，他自己能没能力解决吗？指望我们这些刚毕业的毛头小伙子，联系谁去？专家教授们架子大着呢，我可不跑去吃闭门羹，反正结果对我无所谓，我老老实实干我分内的活就是了，我也不指望靠这个提升。

小万先是上网搜索专家，找到他们的电话，一一联络，有的只有办公室的电话，打过去经常没人接，但小万乐此不疲，每天都提前到单位，在专家最可能出现的时间打过去，圈定了合适的人选，就当即约见。很快，这项任务就完成了。而小张同样也上网寻找专家，但有的被拒绝，有的联系不到人，很快，他就给领导“撂挑子”，满面愁容地说：“我找过了，根本找不到人，要不就不感兴趣，要不就联系不上本人，我真的尽力了，很抱歉。”

当然，他们的后果也不同，半年后，小万成了公务员考试培训业务的负责人，升为副总，年底的时候，老板奖励他一辆奥迪轿车。而小张则因看不到自己提升的空间而选择了离开。

人的智慧是无限的，如果善用我们的智慧，无论多大的困难，终归会迎刃而解。工作中的困难更是如此，只要你能积极运用自己的智慧，工作就一定有方法。

“我警告我们公司的人，”前美国塞文事务机器公司董事长保罗·查莱普说，“如果有谁说‘我不知道，这不关我的事’，被我听到的话，我马上开除他。因为说这话的人显然对我们公司没有足够兴趣——如果你愿意，站在那儿，眼睁睁地看着一个没有穿救生衣、只有2岁大的小孩单独在码头边上玩耍——好吧！可是我不会容许你这样做的，你必须跑过去保护那个2岁的小孩才行。”

工作中，很多员工在事情办砸、情况糟糕的时候，往往用“我不知道”、“我不知道怎么会这样”、“我想尽了办法，但不知道怎样才能改善”、“都是他们出的主意，我不知道他们的初衷”之类的语言来答复上司。或许事情确实像你所说的那样，但这种事不关己、高高挂起的态度却不可原谅。遇到问题时，我们应该做的是想办法解决，而不是两手一摊对上司说：“我不知道”。

现在在企业里，老板越来越需要那些敢做敢当，出现问题总是积极想办法解决，而不是把责任推给别人的人。老板心目中的员工，人人都应是负责人。只有在出现问题时能够主动去承担，积极想办法去解决的员工才是老板心目中的优秀员工。

犹豫不决，是解决问题的障碍

有些人经常处于惶惶不可终日的状态之中，他们不是担心工作出现问题挨骂，就是为生活压力而纠结，于是，他们在做决定时，常常表现为犹豫不决，不知如何取舍。一个优柔寡断的人很难有所成就，因为犹豫不决是一个人在职场上取得成功的大敌。

任何一个老板都知道，企业发展需要那些做事坚决果断，能够迅速将问题解决的人来推动。因此，如果你要赢得老板的信任，成为企业发展的关键力量，就应当改掉优柔寡断的坏习惯。

俞敏洪，中国最大的私立培训学校的创始者，新东方教育科技有限公司董事局主席和首席执行官，中国最富有的教师。

然而谁又想到，这位成功人士在考大学时，竟然连考了三年才获得成功。

1978年，俞敏洪高中毕业，第一次参加高考，英语只考了33分，所以就只能回家里干农活。当天气转凉时，田里的农活也渐渐少了，俞敏洪又不由自主地捧起书本。当时，他的家里还没有安电灯，每天晚上只能在煤油灯底下念外语，这样坚持了半年，又参加了第二次高考。这次英语成绩提高了12分，但离及格线还差5分，所以又落榜了。再次回到家里时，村里人就笑他，当着面喊他“大学生”。但是俞敏洪天生对嘲笑这个东西不太敏感，所以“他们说他们的，我考我的”。

面对两次失败，俞敏洪犹豫再三，基本已经不打算考了，因为一般的农村家庭也没有这个经济实力支撑孩子考下去，但是父亲不仅支持他考下去，而且还想方设法帮他联系了补习班。而他的老师也一再鼓励他，俞敏洪心中的目标又一次清晰起来：“我一定要上大学！”于是，第三次参加高考的他，终于成功了。

犹豫不决的人总是喜欢先想到失败的结果，他们不敢做决定，害怕承担因此产生的责任。他们无法确定事情的结果，或好，或坏，或者有什么意外。他们害怕明天就会为自己今天的决定后悔，因为明天可能会发生更美好的事情。克服自己的犹豫不决，担负人生责任重新上路，俞敏洪才在以后创业之路上走得顺畅。

在职场中，纵使你有骄人的才干、聪慧的头脑，如果被犹豫不决的习惯所束缚，最终你必定会因此而失去老板对你的信任，失掉挑重担的机会。

因此，不管从事什么行业，当老板给了你某项工作后，你必须抓住工作的实质，当机立断，立即行动，一鼓作气将问题解决，而不是在犹豫不决中贻误战机。事实上，要解决问题必须先行动起来，因为一旦进入行动状态后，人们就来不及多想，就等于逼上梁山，背水一战，这样反而容易将问题解决。

梭罗说：“生命很快就过去了，一个时机从不会出现两次，必须当机立断，不然就永远别要。”理想和现实并不遥远。如果下定决心立刻去做，就能抓住机会让希望实现。拖延不仅无助于问题的解决，而且还会让问题变得越来越糟。那些遇事拖延的人只会让自己处处陷入被动，即便是机会到了面前，他们也抓不住。

在瞬息万变的现代职场中，机遇、信息稍纵即逝，当机立断是一个优秀员工必备的基本素质之一。要想从根本上克服犹豫不决、优柔寡断的弊病，可以从以下几个方面入手。

1．在行动之前，反复冷静地思考，给自己充分思考主题和问题的时间。

2．一旦做好心理准备，就立即行动，迟疑是最大的禁忌。

3．不要要求自己十全十美，不论心情好坏，每天都要有规律地持续工作。

4．不要浪费时间，把握住现在。今天应该干的绝不拖到明天。商海如战场，时机很关键。只要你看好了、看准了，你就该下决心：快，快动手吧！还犹豫什么？

5．要有远见、有计划地工作，搜集对将来有用的情报，一点一滴地积累。

如果你想在职场上取得成功，成为老板所青睐的员工，就一定要养成遇事果敢的作风。只有这样，你才能在工作中将一个个问题果敢、迅速地处理好。

抓住关键，解决问题不困难

世界上有两种人：一种人爱把简单的事情变得复杂，另一种人是把复杂的事情简单化。第一种只会越做越忙，永远都有无法解决的问题，最后连自己为何而忙都不得而知；第二种人则越做越轻松，越做越成功。两者的区别在于，后者能抓住问题的关键，达到事半功倍的效果。

面对企业和工作中纷繁复杂的问题，我们该如何轻松应对？这就要求员工能够把自己打造成为第二种员工，用责任心抓住问题的核心和重点。

全球最大的职业服务公司创始人史蒂芬·柯维曾指导过一位公司资产额达60亿美元的董事长。有一天他和这位董事长一起经过一位正拿着耙子打扫落叶的清洁工身边，这位清洁工用的耙子只剩下5根耙爪——原先该有31根耙爪的。柯维停下来问她：“请问你在做什么呢？”

“我正在扫这些树叶。”

“你为何使用这支耙子？看来你没扫起多少叶子。”

“因为他们只拿了这支给我用。”

“为什么你不去找一支好一点的耙子来用？”

当他们走远后，董事长显然很生气：“我们的预备储货多得可以压死一匹马。”显然，这种事天天都在发生。就像这个清洁工，如果不能给她可用的工具，她会一直慢悠悠干下去。这位董事长对负责清洁工的监工很生气，心里责怪他为什么不给清洁工发一支好一点的耙子。

“你真的认为她的监工要负全责吗？”柯维问。

“当然！”那位董事长几乎大喊。

“如果他得负责，你要如何解决这个问题？”

“对监工施以更多的训练，可能也会选择把他给换掉。”

“哇！”柯维发出惊叹，“你认为这样做就会解决问题了吗？”他接着说，“如果每个人都对自己工作尽了义务，而不论付出多少，那么在今天这个例子里，谁该对这位清洁工和耙子的问题负责？”

“清洁工应该负责，毕竟她是唯一可以决定自己用的是否是合适的耙子。我们总是让每个人忙得团团转，而使他可以不尽义务，却允许他责怪别人。只要我们能够解决责任的问题，我们所有的问题就会消失无踪。每一个人都须为自己的绩效表现而负责。”“但是，”这时他的声音带着犹豫，“监工真的一点责任都不必担负吗？”

“他要负责，但不在于为清洁工找支好耙子。他的职责在于使清洁工尽职把工作做好；他的工作是帮助她达到负起责任、尽完义务的要求。而在最合理的情况下，还有谁需要为找到好耙子来负责？”

董事长思索片刻，露出微笑：“最根本的，其实是我自己该负责，因为我错看了问题的症结所在。我不去注意真正的问题点——缺乏责任感，反而只看着一些表象——角色不分、工具不对、指派不当。”

当那位董事长在为使用只有5根耙爪打扫落叶的清洁工恼怒不已时，并没有发现这位员工工作不太给力的关键在于她的责任感不强。而这种员工责任感不强的根源是在于他在企业的管理当中缺乏对员工责任感的强调。

职场中，一个富有责任感的员工，必然是一个最先能解决问题的员工。遇到问题，不是只会请示领导，更不是领导答应给你好的待遇和回报才去把问题解决，而是充分发挥主人翁精神，先将问题解决掉。可以说，所有的优秀企业，都有一群能够在第一时间把问题解决的人。但是问题的解决必须依赖于我们做“最合乎情理的事情”。在工作中，只有抓住问题的关键才能把事情做对做好，否则一切都将是徒劳。

因此，在工作中，我们应该抓住问题的“关键点”，找到“关键点”是解决问题的前提。如果不能准确地把握“关键点”，即使我们再努力也可能不得要领，收效甚微。抓不住问题的关键，我们就只能盲目地从一个问题的旋涡进入另一个问题的旋涡，我们只能在事情表面浪费时间，永远也不可能真正解决问题。